Rudolf Walter Leonhardt

Pro und Contra

A basis for advanced German
discussion and essay work

With cartoons by Paul Flora

Edited with introduction, notes and essay questions by
E. Sanger, B.A., Dr. phil., *former Head of the Modern
Languages Department, Westminster School*

**Harrap
London**

First published in Great Britain 1980
by GEORGE G. HARRAP & CO LTD
182 High Holborn, London WC1V 7AX

Reprinted: 1980; 1981

Selected from Rudolf Walter Leonhardt, *Argumente pro und contra,*
published by R. Piper & Co Verlag, München 1974

Text © R. Piper & Co Verlag, München 1974
Introduction, Notes and Essay questions © George G. Harrap & Co Ltd 1980
Illustrations © Paul Flora

ISBN 0 245-53369-9

Some of the texts have been slightly abridged
with the permission of the author.

Typeset by Santype International Ltd., Salisbury, Wilts

Printed in Great Britain
by J. W. Arrowsmith Ltd, Bristol

Contents

Editor's Preface

Rudolf Walter Leonhardt, born in 1921 in Thuringia, spent seven years in England as correspondent of the renowned German weekly *Die Zeit*, also lecturing at Cambridge University and writing for the BBC. He published *77mal England* in 1957 and *Xmal Deutschland* in 1961 and later became deputy editor of *Die Zeit*. In view of their great success, his 75 sequences of *Pro und Contra* in *Die Zeit* were reprinted in book form in 1974 by R. Piper Verlag, Munich.

Leonhardt recounts how the idea of writing a regular column occurred to him when a fellow journalist said to him one evening:

> Sie haben gut reden, Sie verwalten die Themen, und die Rosinen picken Sie sich selber heraus. Unsereiner aber muß Woche für Woche sich pünktlich am Montag etwas einfallen lassen, ob er Zahnschmerzen hat oder Familienkummer, ob er gerade an einer ganz anderen Arbeit sitzt oder am Strande liegt – pausenlos, Woche für Woche, immer montags, müssen drei Seiten geliefert werden. Danach hört man eine Weile gar nichts. Dann kommen die Leserbriefe. Einige sind freundlich, die meisten sind böse. Leser schreiben offenbar am liebsten, wenn sie böse sind. Nach einem Jahr wird das Buuuh ziemlich laut – ‚hör doch endlich auf!'. Aber man macht weiter. Sie können sich überhaupt nicht vorstellen, wie das ist. Aber unsereiner muß ja.

Two years later, Leonhardt came across records of disputations held in German universities from the Middle Ages right into the 19th century, when a doctoral thesis had to be defended by carefully balancing all arguments for and against it. If this principle could be extended to the problems of our own day, Leonhardt thought, a regular column in *Die Zeit* could be sustained for a time. So he submitted himself to the constraints of a weekly chore like his hapless colleague, and the *Argumente pro und contra* began to appear, as an attempt to deal with controversial subjects in an unbiased, rational, balanced way, to induce the readers to consider both sides of the argument. These arguments are a collection of opinions expressed by various people around him, they do not necessarily represent the author's point of view; he merely

5

formulates them. Not unexpectedly, reactions were often violent when strong prejudices had been provoked and when the author, in an attempt to act as a referee, trod on two sets of toes at the same time. Public controversy flared up in hundreds of letters: the standard reproach was that he had manipulated the arguments in order to exonerate personal views and justify his own preferences and aversions ("Auch Ihr Liberalismus, Herr Leonhardt, ist doch eine Ideologie"). Leonhardt was unperturbed and unrepentant:

> Alle Inhalte der *Argumente* mögen anfechtbar sein. Als unanfechtbar erscheint mir die Form. Wenn die zivilisierte Menschheit noch eine Weile überleben will, dann wird sie sich einigen müssen auf das Prinzip dieser Form, um ihre Meinungsverschiedenheiten auszutragen.

The *Argumente*, written in a clear, incisive style with a touch of irony, assisted by the inimitable humour of the famous Tyrolean cartoonist Paul Flora, provide ample material for serious thought and discussion on some of the burning issues of our times; alternatively, in a lighter vein, they can be taken merely as a party game in dialectics ("ein Gesellschaftsspiel zur Übung in angewandter Dialektik"): both aspects are valid and, anyway, who can draw the line between instruction and entertainment?

The editor of this book has selected half of them for the purpose of providing discussion and essay material for English students of German language, life and institutions in Sixth Forms, Universities and Colleges of Further Education. A few cuts have been effected where they appeared absolutely necessary for reasons of clarity and updating.

The author's conclusions or *Conclusiones*, which were placed in the original immediately after the *Argumente*, are here moved to an appendix, since it should be one of the student's main tasks to draw his own conclusions. It will probably be best for the student to see one or two of these at the outset so that he knows what is expected of him. But later on, independence of thought will obviously be aided if students try not to read Leonhardt's *Conclusiones* until after they have written their own versions.

Other stimulating exercises would include the addition of further *Argumente* where it seems that Leonhardt has missed out some important points or where recent developments have introduced new circumstances; the adaptation of the *Argumente* to British conditions where they relate specifically to West Germany and/or comparison of differing conditions in the two countries; a critique of Leonhardt's approach; and the treatment of other themes in the same way.

At the back of the book there are a few explanatory notes in English on certain expressions which may be unfamiliar to English readers, also a number of essay subjects arising from each of the six sections. It is hoped that these, like the other activities suggested above, will stimulate further thought and provide an opportunity for essay writing, following upon the analysis of controversial views in oral discussion.

The aim of such discussion has been well expressed by the Hungarian writer Tibor Déry, in a talk recently reprinted in *Die Zeit*:

> Es will mir scheinen, daß Für und Wider nur die zwei gleichberechtigten Hälften eines Ganzen sind und daß wir uns aus angeborenem Starrsinn und aus Zerstörungswut, aus purer menschlicher Schlechtigkeit, für die eine oder andere einsetzen. Denn letzten Endes hat immer das Ganze recht!

This view is itself, of course, open to discussion!

Anyway, it is hoped that not too many English readers will agree with Leonhardt's friend who tried to persuade him to stop writing further *Argumente*:

> Ich liebe Leute, die ‚dagegen' oder meinetwegen auch ‚dafür' sind. Aber dieses Wischi-Waschi, ein bißchen Dagegen, ein bißchen Dafür, das ist doch unerträglich.

Whether the reader will feel inclined to take this view and condemn Leonhardt as a "typischer Repräsentant des lauen *Jein* (Ja + Nein) einer schweigenden Mehrheit", as he himself feared, or as a protagonist of essential mutual comprehension and compromise, it is hoped that the *Argumente* will be found useful by English students and teachers, as well as stimulating and enjoyable.

Finally I should like to thank Rudolf Walter Leonhardt and his publisher R. Piper for their kind permission to select and

REISE UND VERKEHR

Autofahren

Unter den vielen Möglichkeiten, uns zu Lande, zu Wasser oder in der Luft zu bewegen, können wir nicht immer frei wählen. Wo unsere Fortbewegungsart uns von den Umständen vorgeschrieben wird, erübrigt sich jede Diskussion. Oft freilich ist, was als Zwang erscheint, auch nur Gewohnheit. Bei Urlaubsfahrten zum Beispiel sind wir doch verhältnismäßig frei in der Wahl des Verkehrsmittels, da wir ja auch verhältnismäßig frei sind in der Wahl des Urlaubsortes. Mancher freilich bedarf einer Weltenergiekrise, um zu entdecken, daß es auch eine Alternative zum Autofahren gibt.

PRO

1 Im Auto ist man „unter sich", ungestört von Mitmenschen.
2 Mit dem Auto läßt sich mehr Gepäck mühelos transportieren als mit irgendeinem anderen Verkehrsmittel. Und wer nun gar Tiere (Vögel, Katzen, Hunde, kleine Tiger) mitnehmen will, für den kommt eigentlich nur das Auto in Frage.
3 Der Fahrpreis ist bei voll besetztem Auto noch immer verhältnismäßig niedrig, wo ein Auto ohnehin zum Haushalt gehört.
4 Der Autofahrer macht selber seinen Fahrplan, in dem er mindestens die Abfahrtzeit nach eigenem Gutdünken festlegen kann.
5 Sollte das Fahrtziel (der Urlaubsort) enttäuschen – mit dem Auto ist man beweglich und findet möglicherweise leicht etwas Passendes in der Nachbarschaft.
6 Am Urlaubsort ist es eigentlich immer nützlich, ein Auto zu haben.

7 Wer mit dem Auto fährt, sieht etwas von der Welt – soweit sie zwischen seinem Startpunkt und seinem Urlaubsort liegt.

8 Man kann die Reise unterbrechen, wann und wo man will.

CONTRA

1 Autofahren ist keine Erholung. Auf dem Wege in den Urlaub ist das vielleicht nicht so wichtig – aber auf dem Wege zurück!

2 In jedem Jahr sterben an die 20 000 Deutsche auf den Straßen – zu viert in einem Auto haben Sie immerhin im Laufe des Jahres eine 1 : 5000-Chance, dabeizusein. Gewiß, Sie fahren nicht jeden Tag. Dadurch verbessern sich Ihre Überlebenschancen. Aber daß es Sie erwischt, ist noch immer viel wahrscheinlicher als sechs Richtige im Lotto[1]. Und die Wahrscheinlichkeit von zwar überlebbaren, aber dennoch schmerzhaften oder wenigstens sehr ärgerlichen Unfällen ist so groß, daß jeder Autofahrer gut daran täte, sie von vornherein einzukalkulieren.

3 Wenn man die Versicherungen gegen alles, was einem unterwegs passieren kann, wenn man Steuern, Anschaffungs- und Unterhaltskosten dazuzählt, wenn dazu die Benzinpreise weiter steigen, dann sind Auto-Reisen gar nicht mehr so billig.

4 So frei Sie Ihre Abfahrtszeit bestimmen können, so wenig Kontrolle haben Sie über Ihre Ankunftszeit.

5 Während der Autoreise setzen Sie sich stundenlang dem Einatmen von sehr gesundheitsschädlichen Kohlenoxyd-Gasen aus.

6 Das Auto wird Sie auch am Urlaubsort dazu verführen, sich seiner Pferdestärken zu bedienen und Ihre Menschenstärken verkümmern zu lassen.

7 Manche Autos springen im Winter nicht an; andere Autos kochen im Sommer über. Für alle Sonntagsfahrer kann das Auto im Urlaub nur zusätzlichen Ärger bedeuten. Davon, daß man in anderen Ländern anders fährt, gar nicht zu reden . . .

Die Bahn

Wo, wie hier, von Urlaubsreisen die Rede sein soll und von den Verkehrsmitteln, die dabei benutzt werden, müssen einige Alternativen weithergeholt erscheinen. Es ist, zum Beispiel, kaum vorstellbar, daß jemand in den Urlaub fliegt, der geradesogut mit dem Fahrrad hätte fahren können. Auch Schiffsreisen von Düsseldorf nach Basel werden selten erwogen – zu Unrecht übrigens, denn sie können (auf dem Rhein) sehr schön sein; wenn auch leider nicht mehr so schön wie damals, als man vom Schlepper noch zum täglichen Bad in den Fluß springen konnte. Die Eisenbahn jedoch wird in viele Überlegungen einbezogen, meistens als Alternative zum Auto.

PRO

1 Trotz einigen unerfreulichen Vorkommnissen in den letzten Jahren darf die Eisenbahn für sich in Anspruch nehmen, das ungefährlichste Verkehrsmittel zu sein.
2 Die Bahn ist das sicherste Verkehrsmittel auch insofern, als Abfahrts- und Ankunftszeiten (beide zusammengenommen) mit größerer Gewißheit feststehen als bei irgendeinem anderen.
3 Man kann in der (deutschen Bundes-)Bahn alles: essen, trinken (mit gutem Gewissen!), lesen, flirten, spazierengehen, schlafen; man kann sogar sein Auto mitnehmen.
4 Man kann jede Menge Gepäck, ohne Schwierigkeit auch Kinder und Tiere bei sich haben.

5   Anders als im Flugzeug, in den meisten Autos, auf dem Fahrrad oder Motorrad kann man in der Bahn richtig bequem sitzen.

6   Man kann nette Leute kennenlernen.

CONTRA

1   Die Bahn ist ziemlich teuer – vor allem für a) große Familien, b) diejenigen, die solche Extra-Möglichkeiten wie Auto-Mitnehmen oder Schlafen in Anspruch nehmen wollen. Man kann sie auch billiger haben; aber dann muß man sich in einem bürokratisch verschlüsselten Wirrwarr von Preisermäßigungen und Sondervergünstigungen gut auskennen.

2   Man tut gut daran, auf der Bahn nicht „jede Menge" Gepäck mitnehmen zu wollen, sondern nur so viel, wie man notfalls selber tragen kann.

3   Das Loblied auf die Bahn klingt denjenigen ganz falsch, die statt auf großen TEE- oder IC-Strecken[2] „über Land" fahren müssen. Sie können da weder schlafen noch essen noch trinken noch gar ihr Auto mitnehmen. Und das dauert, und dauert. Wer in der vernachlässigten Ost-West-Richtung von einer ungünstig gelegenen Station zur anderen fahren will, der brauchte nur mit dem Fahrrad noch länger.

4   Einige Züge der Bundesbahn sind in der Tat vorbildlich für Sauberkeit und Service. Aber irgendwie scheinen bei dem Bemühen um Sauberkeit und Service die Bahnhöfe vergessen worden zu sein.

5   So sehr man sich auf die Kompetenz des technischen Personals im allgemeinen verlassen kann, also vor allem auf pünktliche und sichere Ankunft, so viel Glück muß man haben, um einen kompetenten Service zu erwischen: vom Fahrkartenschalter bis zum Speisewagen. Nicht zu reden vom „kleinsten Hotel der Welt", dem Schlafwagen. Was da für den Preis eines Luxushotelzimmers geboten wird, ist nicht zu unterbieten.

6   Man ist am Urlaubsort dann recht unbeweglich.

Das Fliegen

Die drei großen Konkurrenten im Transport sind das Auto, das Flugzeug und die Eisenbahn. Berufsreisen haben – zum Beispiel deswegen, weil sie besonderen finanziellen Erwägungen unterliegen – ihre eigenen Gesetze. Wenn man als einzelner die verschiedenen Möglichkeiten des Transports gegeneinander abwägen will, tut man wohl gut daran, sich eine aus eigener Tasche bezahlte Reise vorzustellen über eine Strecke, die mehrere Transportmöglichkeiten erlaubt. Wie schneidet dabei das Fliegen ab?

PRO
1   Fliegen geht am schnellsten.
2   Es ist „was Besonderes", ein zusätzliches Urlaubserlebnis.
3   Mit einiger Sicherheit kriegt man dann wenigstens unterwegs, über den Wolken, die Sonne zu sehen.

CONTRA
1   Fliegen ist am gefährlichsten.
2   Es ist am teuersten.

3   Es geht so schnell, daß einem keine Zeit bleibt, sich umzustellen von Arbeit auf Urlaub.

4   Man kann nur wenig Gepäck mitnehmen (wenn man nicht kräftig zuzahlen will).

5   Abflug und Ankunft sind vom Wetter abhängig und dadurch ungewiß.

6   Es kann einem passieren, daß man endlos lange in tristen Flughafenwartesälen herumgammelt[3]. Dieses Herumgammeln, dazu die Fahrt von zu Hause zum Flughafen, vom Ankunfthafen zum Urlaubsort, darf man nicht zur reinen Flugzeit dazuzuzählen vergessen.

Reisen zu Schiff

Es könnte eine bedauerliche Informationslücke entstehen, wenn für Urlaubsreisen neben den üblichen Verkehrsmitteln nicht auch die etwas ausgefalleneren erwogen würden. Daher sollen nach dem Auto, dem Flugzeug und der Eisenbahn auch Schiff und Motorrad kurz in die Urlaubsüberlegungen einbezogen werden. Hier das Schiff.

PRO

1   Eine Seereise ist eine Seereise und als solche vielleicht schon besser als der ganze Urlaub.

2   Nirgendwo geben sich Gastgeber heutzutage noch so viel Mühe, Gastgeber zu sein, wie an Bord.

3   Ein Schiff ist eine kleine Welt für sich. Man kann dort nicht nur ganz neue Erfahrungen sammeln, sondern man braucht dabei auf beinahe nichts von dem zu verzichten, was einem in der großen Welt lieb und teuer war. Man kann spazierengehen, in Bars sitzen, schwimmen, Tennis spielen, ins Kino gehen, einkaufen, telephonieren, herrlich schlafen, und . . . das ist ein neues Argument wert:

4   Schiffsküchen sind (im Durchschnitt) die notorisch besten der Welt.

5   Gegen Seekrankheit (um ein Contra-Argument zu kontern) gibt es gute Tabletten.

CONTRA

1   Schiffsreisen dauern lange; für Urlaub bleibt darüber hinaus kaum noch Zeit.

2   Eine Seekrankheit reicht denjenigen, die für so was anfällig sind, völlig, um jeden Gedanken an Vergnügungen kulinarischer oder erotischer Art total auszuschließen.

3   Wo der Service auf See heute wirklich noch gut ist, da ist er auch so teuer wie in einem Luxushotel.

4   Billig sind Schiffsreisen überhaupt nur für blinde Passagiere.

Motorradfahren

Motorradfahren ist geradezu chic geworden. Aber wer fährt wirklich mit dem Motorrad in den Urlaub? Und: warum sollte er?

PRO

1   Alles, was für den Urlaub mit Auto spricht, spricht auch für den Urlaub mit Motorrad.

2   Motorräder sind billiger als Autos und dabei nicht langsamer.

3   Bei Verkehrsstauungen – und wo staute sich der Verkehr nicht, wenn die Menschen in Urlaub fahren – kann man sich mit dem Motorrad immer noch zwischen den Autokolonnen durchschlängeln.

4   Motorräder sind leichter zu parken.

5   Autofahren ist eine Altherrenbeschäftigung; Motorradfahren ist ein Sport.

6   Auf dem Motorrad, da ist der Mann noch ein Mann, am besten ganz in Leder.

CONTRA

1   Motorräder sind so gefährlich wie Autos – nur noch gefährlicher.

2   Motorradfahren ist anstrengender als Autofahren.

3   Wer gegen Regen und Wind wirklich geschützt sein will, bedarf einer kostspieligen und umständlichen Spezialkleidung.

4   Gepäck ist lästig auf einem Motorrad.

5   Als Urlaubsbegleiterinnen des Motorradfahrers kommen nur ausgesucht widerstandsfähige Mädchen in Frage.

6   Auch richtige Motorräder sind ziemlich laut. Nicht zu reden von jenen indiskutablen Terror-Instrumenten, bei denen eigens zum Zwecke der Lärmerzeugung die Auspufftöpfe ausgeräumt wurden und mit denen jugendliche Freunde des Krachs gern in friedlichen Wohnvierteln ihre Rennen fahren.

Auslandsreisen

Unter den vielen Urlaubsalternativen – mit dem Auto oder mit der Bahn, mit dem Schiff oder mit dem Flugzeug? See oder Berge? Erholung oder Abenteuer? Gesellschaftsreise oder Einzelreise? – spielt eine wichtige Rolle offenbar auch die: Inland oder Ausland? Was spricht für Auslandsreisen?

PRO

1 Man lernt eine neue Welt kennen, und das erweitert den Horizont.

2 Auch die Erholung kann zum Abenteuer werden, wenn sie verbunden wird mit der Notwendigkeit, fremde Sitten zu begreifen und fremde Sprachen zu verstehen.

3 Ansichtskarten aus dem Ausland machen Eindruck.

4 Es ist schick, ins Ausland zu fahren.

5 Man möchte doch wirklich manchmal raus aus diesem schrecklichen Land, weg von diesen schrecklichen Nachbarn (freilich: viele ferne Strände sind fest in den Händen der Deutschen).

6 In einem Auslandsurlaub lebt man oftmals billiger.

CONTRA

1 Die Länder, in denen man auch dann noch billiger lebt, wenn man das Fahrgeld und zusätzliche Kosten durch fehlendes *Know-how* dazuzählt, sind so zahlreich nicht; pauschale Vorstellungen vom „billigen Leben im Ausland" können herb enttäuscht werden.

2 Die meisten von uns sind im Ausland ziemlich hilflos, auf die Dienste von Reiseleitern und anderen Vermittlern angewiesen.

3 Die lange Reise zum Urlaubsziel nimmt man gern in Kauf, sie kann sogar der schönste Teil des Urlaubs werden. Aber lange Rückreisen können doch sehr lästig, nervenaufreibend und erholungszerstörend sein.

4 Neues? Welcher Deutsche kennt denn Deutschland welcher Österreicher Österreich wirklich? Neues gibt es für die meisten

von uns auch im eigenen Lande noch genug.

5 Auch Auslandsreisen befreien nicht von einem weitverbreiteten psychischen Komplex, der sich auf die Formel bringen läßt: Wo du nicht bist, da ist das Glück.

SCHULE UND UNIVERSITÄT

Hausaufgaben

Ob Kinder, wenn sie aus der Schule nach Hause kommen, schon wieder für die Schule arbeiten (und dabei, wo immer möglich, ihre Eltern als Hilfslehrer anstellen) sollen – darüber haben die Betroffenen, Lehrer, Eltern und Schüler, recht verschiedene Meinungen. Ich referiere, was ich gehört oder gelesen habe.

PRO

1 Die Kinder sollen nicht den ganzen Nachmittag und Abend nur herumspielen. Das bringt sie nur auf dumme Gedanken. Sie müssen auch was lernen.

2 Die Schulzeit allein genügt nicht, um das als notwendig gesetzte Lernpensum zu bewältigen.

3 Es gibt Arbeiten, bei denen der Lehrer kaum helfen kann; mit ihnen würde kostbare Zeit in der Schule ganz unnötig verschwendet – einen längeren Text lesen (um ihn dann später besprechen zu können) zum Beispiel oder Vokabeln lernen; überhaupt das „Auswendiglernen", das viel mehr wieder geübt werden sollte, nicht so sehr um der Inhalte willen als wegen des damit verbundenen Gedächtnistrainings.

4 Irgendwann müssen die Kinder lernen, selbständig zu arbeiten.

5 Die Hausaufgaben wirken als Information zwischen Schule und Elternhaus; vor allem aus ihnen erfahren die Eltern, „was die Kinder in der Schule eigentlich machen".

CONTRA

1 Gerade jungen Menschen tut es gar nicht gut, viele Stunden in einer so unnatürlichen Haltung wie auf einem Stuhle sitzend zu verbringen. Sie sollten sich wenigstens nachmittags in frischer Luft bewegen.

2 Große Hausaufgaben bedeuten für viele Kinder einen Elfstundentag: 6 Stunden Unterricht und 2 Stunden Schulweg (hin und zurück) und 3 Stunden Hausaufgaben. Darf ihnen das zugemutet werden – nur weil es keine „Schülergewerkschaft" gibt?

3 Hausaufgaben wirken gegen die Chancengleichheit: Die einen Kinder haben ein ruhiges Zimmer für sich, andere müssen sich mit einer Ecke im überfüllten Wohnzimmer begnügen; die einen können ihre Eltern als Hilfslehrer engagieren, andere müssen mit ihren Aufgaben allein fertig werden.

4 Es ist schwer zu sagen, ob und inwieweit Hausarbeiten selbständig gemacht worden sind.

5 Hausaufgaben setzen ganze Familien unter Leistungsdruck. Zum Beispiel so: Vater kann es nicht (und muß nun Mengenlehre büffeln[1]); Mutter ist nicht da (und überlegt sich, schlechten Gewissens, ob sie ihren Beruf nicht doch wieder aufgeben sollte); Junior kriegt viel zuwenig Schlaf, denn immer, wenn er ins Bett gehen sollte, fällt ihm mit Schrecken das bis dahin Verdrängte ein – ich muß noch „Schularbeiten" machen.

Mündliche Prüfungen

Gemeint ist alles persönliche Abfragen von Wissensstoff: für die „Mündlich"-Noten in der Schule, im Abitur, im Staatsexamen, im Rigorosum[2] oder wo auch immer sonst noch mündlich geprüft wird. Es erscheint mir fair, mich gleich am Anfang zu persönlicher Voreingenommenheit zu bekennen: Ich habe alle die genannten Prüfungen schriftlich sehr gut, mündlich gerade so eben noch bestanden. Ich müßte also mich selber verleugnen, wenn ich für mündliche Prüfungen wäre. Um so mehr werde ich mich bemühen, auch die PRO-Argumente getreulich wiederzugeben.

PRO

1 Wohlwollende Prüfer nehmen dem Kandidaten im persönlichen Gegenüber die Prüfungsangst; sie können seine Wissenslücken überspringen und Gebiete suchen, wo der Prüfungskandidat sich auskennt.

2 Viel wichtiger als die Lösungen, die der Kandidat für seine Aufgaben am Ende anbietet, ist es, wie er zu diesen Lösungen kommt; das läßt sich nur in der mündlichen Prüfung beobachten.

3 Bei der mündlichen Prüfung kann man einen Kandidaten besser kennenlernen; und dem Kandidaten, den man bereits kennt, kann man besser gerecht werden.

4 Die Prüfungssituationen, denen sich der aus Schule und Hochschule Entlassene „im Leben", im Beruf konfrontiert findet, haben viel mehr Ähnlichkeit mit einer mündlichen als mit einer schriftlichen Prüfung.

CONTRA

1 Prüfer haben nicht wohlwollend zu sein, sondern so gerecht und objektiv wie möglich.

2 Es gibt keine fairere, korrektere, objektivere Prüfung als die schriftliche, die etwa so aussieht wie in Oxford oder Cambridge. Die Fülle des Stoffes, also „neuere englische Literatur" oder „Kernphysik", die ja auch kein Prüfer mehr beherrscht,

wird zunächst unterteilt in überschaubare Gebiete. Zu diesen werden dann (sagen wir) 20 Fragen gestellt, die möglichst gedankliche Durchdringung des Stoffes und nicht Lexikon-Wissen voraussetzen, und es wird aufgefordert: Beantworten Sie von diesen 20 Fragen 5. Es ist kein Zufall, daß es diese Form der Prüfung in Deutschland kaum gibt.

3 Nur die Ergebnisse schriftlicher Prüfungen sind, im ganzen Bundesgebiet oder schließlich auch weltweit, vergleichbar, sind der provinziellen Zufälligkeit persönlichen Ausfragens enthoben.

4 Mündliche Prüfungen begünstigen Schauspieler, Liebediener, Schwätzer und Exhibitionisten.

Numerus clausus

Der Numerus clausus stammt aus den Zeiten, als die Amtssprache der Universitäten noch das Lateinische war, heißt wörtlich „geschlossene Zahl" und bedeutet, daß eine Universität für einige oder für alle Fächer Quoten festlegt: mehr Studenten können nicht aufgenommen werden. Vor allem in der Medizin und in den Naturwissenschaften gibt es heute an den meisten deutschen Universitäten einen Numerus clausus. Einen generellen Numerus clausus für alle Fächer hat als erste deutsche Universität Hamburg eingeführt. Es gehört unter uns liberalen Akademikern zum guten Ton gegen den Numerus clausus zu sein. Es fehlt jedoch an einer nüchternen Bestandsaufnahme der Argumente.

PRO

1 Wo kein Platz ist, können auch keine Studenten aufgenommen werden. Laborplätze, zum Beispiel, sind nicht beliebig vermehrbar. Oder juristisch ausgedrückt: Das in Artikel 12, I, 1 des Grundgesetzes garantierte Recht auf Berufsfreiheit findet da seine Grenze, wo die Kapazität der Hochschulen erschöpft ist.

2   Wo die Kapazität der Lehrkräfte, der Räume, der Apparate zur Ausbildung von 300 Studenten ausreicht, könnten vielleicht auch 600 ausgebildet werden – aber eben nur „halb so gut".

3   Die großen Traditionsuniversitäten des Auslands haben alle einen Numerus clausus, sie reden nur nicht davon (sondern behalten es sich einfach vor, welche Studienbewerber sie zulassen und welche nicht).

4   Die deutsche Tradition akademischer Freiheit, die auch die freie Wahl des Studienorts einschließt, kann bei einem Massenandrang an die Universitäten nicht ohne Abstriche aufrechterhalten werden: weil sonst alle in München studieren wollen oder in Hamburg, aber niemand will in Regensburg studieren oder in Bielefeld. Solange wir an der Tradition festhalten (und wir sollten daran festhalten), müssen München und Hamburg in die Lage versetzt werden, Abwehrmechanismen[3] zu entwickeln.

5   Solange die laufenden Kosten der Universitäten noch immer weitgehend von den Bundesländern getragen werden, kann man den Steuerzahlern von Baden-Württemberg schwerlich zumuten, die Ausbildung von Schleswig-Holsteinern mitzufinanzieren.

6   Mehr Hochschulplätze können jetzt nur noch frei werden durch Studienzeitbeschränkungen. Daß jeder, der irgendwann, irgendwo einmal ein Abitur bestanden hat, damit das Recht erwirbt, an jeder deutschen Universität was er will und solange er will zu studieren, ist eine unerfüllbare Wunschvorstellung – und außerdem noch nicht einmal wünschenswert.

7   Es liegt gewiß im Interesse der Gesellschaft und vermutlich doch auch im Interesse der Studenten, von Modefächern abzuraten und, sofern das Abraten nicht hilft, den Zulauf zu bremsen durch Zulassungsbeschränkungen. Besser, man erschwert einem Zwanzigjährigen das Studium der Politikwissenschaft, als man muß dem Sechsundzwanzigjährigen nach zwölf Semestern Studium sagen, daß es für ihn keine seiner Ausbildung entsprechende Betätigungsmöglichkeit gibt.

CONTRA

1   Zulassungsbeschränkungen sind etwas sehr Mißliches; denn, zu Ende gedacht, bedeuten sie den gröbsten Eingriff

in jene Möglichkeiten der Selbstverwirklichung, wie sie ein Mensch im Beruf finden kann.

2 Zulassungsbeschränkungen können zu schädlichen Manipulationen eines gedachten Bedarfes führen. Um das an einem neutralen Beispiel zu verdeutlichen: In jeder Großstadt wehren sich die Taxifahrer gegen neue Konzessionen; durch Erhöhung der Taxizahl hat der einzelne Fahrgast zwar auch bei Regen die Chance, trocken ans Ziel zu kommen, aber der einzelne Fahrer, vor allem bei Sonnenschein, verdient weniger.

3 Zulassungsbeschränkungen schaffen zwei Klassen von Abiturienten: solche, die zum Studium zugelassen werden, und solche, die nicht zugelassen werden.

4 Der Numerus clausus erzeugt an den Oberschulen, wo der Leistungsdruck doch abgebaut werden sollte, einen Leistungsüberdruck: Solange die stupide Bewertung von Abiturzeugnissen darüber entscheidet, ob einer den Numerus clausus durchbrechen kann oder nicht, wird es irrsinnigerweise lebenswichtig, ob er (sie) das Abitur mit der Durchschnittsnote 2,8 oder 3,2 besteht.

Studenten-Gehalt

Schätzungsweise die Hälfte unserer Studenten erhält Zuwendungen aus öffentlichen Mitteln. Es ist zu fragen, warum dann nicht gleich jedem Studenten seine Lebenshaltungskosten durch ein „Gehalt" gewährleistet werden.

CONTRA

1 Als ob die Universitäten nicht schon genug kosteten! Wer soll das noch bezahlen?

2 Das fehlte noch, daß wir uns unsere Revolutionäre auch noch buchstäblich heranfütterten.

3 Warum wohl sollte der Staat den Kindern reicher Eltern auch noch das Studium bezahlen?

4 Von der anderen Seite: Wer zahlt, kontrolliert. Der Student

als Staatspensionär verliert seine Freiheit.

5 Es entfiele ein Anspruch auf bessere Bezahlung in akademischen Berufen, der sich bisher gern herleitete aus der Rechnung: als die anderen schon Geld verdienten, haben wir noch studiert, also nicht nur nichts verdient, sondern zugezahlt.

6 Die Rolle des Staatspensionärs wäre ein Schlag in das gewahrte Gesicht studentischen Selbstverständnisses.

PRO

1 Die Kostenfrage wäre nachzuprüfen. Nach den vorliegenden Statistiken sieht es so aus, als ob die Kosten für die Universitäten durch ein Studenten-Gehalt um weniger als 10 Prozent stiegen; denn a) sind die Verwaltungsgebühren, die dadurch entstehen, daß stipendiumsberechtigte Hammel von selbstzahlenden Böcken[4] getrennt werden müssen (Prüfungen! Gutachten! Formulare!) erheblich; b) sind die Kosten für einen durchschnittlichen Studienplatz dreimal so hoch wie die Lebenshaltungskosten des Studenten; c) werden diese Studienplatzkosten vergeudet an Studenten, die ihre Studienplätze nicht voll nutzen können, da sie nebenher ihren Lebensunterhalt verdienen müssen.

2 Die Trennung von stipendiumsberechtigten Hammeln und selbstzahlenden Böcken wäre sogar dann ungerecht, wenn sie einheitlich und sorgfältig erfolgte. Und mit welchem Recht zwingt man einen Studenten in eine Abhängigkeit vom Elternhaus, nur weil sein Vater mehr als 2000 Mark verdient?

3 Ungerecht ist die Trennung auch jenen Studenteneltern gegenüber, die gerade etwas mehr haben als das von den Stipendienvergebern geduldete Einkommen. Sie haben nämlich auch „gerade etwas mehr", wo es um andere Privilegien für sozial Schwächere geht. Sie kaufen ihre Wohnung auf dem freien Markt; sie sind in einer höher progressierenden Steuergruppe; sie sind privat und dennoch (deswegen?) unzureichend gegen Krankheit und Alter versichert.

4 Wer die Revolution verhindern will, sollte alles tun, die Revolutionäre von den Möglichkeiten, die auf dem Wege der Reform liegen, zu überzeugen.

5 Ein Student, der seinen Lebensunterhalt der Gesellschaft verdankt, erlebt die Wahrheit unmittelbarer, die ihn aus selten

veröffentlichten Statistiken nur sehr von fern berührt: daß er auf Kosten dieser Gesellschaft studiert – daß also, zum Beispiel, eine Verlängerung seines Studiums über das Notwendige hinaus nicht allein seine Sache sein kann.

SPIEL UND SPASS

Olympische Spiele

Manche von uns betreiben ihren Spaß sehr ernsthaft – wie wir es alle vier Jahre wieder erleben können, wenn Olympische Spiele ausgerichtet werden.

CONTRA

1   Das für die Ausrichtung der Olympischen Spiele aufgewandte Geld würde besser für Krankenhäuser oder Schulen verwendet.

2   Die Herrschenden schieben den Sport in den Vordergrund öffentlichen Interesses nur, um von drängenderen, aber schwerer zu lösenden oder von „systemverändernden" Fragen (sei es der demokratischen Mitbestimmung, sei es der Ungerechtigkeit gegenüber Entwicklungsländern) abzulenken. Kurz: Sport, das neue Opium des Volkes.

3   Sport ist gesund; Leistungssport ist gesundheitsschädlich.

4   Sport fördert die Gemeinschaft; Leistungssport fördert das Konkurrenzdenken.

5   Wenn das schlimme Leistungsdenken schon aus der Arbeitswelt nicht verbannt werden kann – warum es dann noch in die Freizeitwelt einführen?

6   Das Amateurstatut, an dem das IOC so hartnäckig festhält, ist impraktikabel, anachronistisch, lächerlich.

7   Sport als menschliche Betätigungsmöglichkeit bleibt im Animalischen; die höheren, die geistigen Möglichkeiten des Menschen verkümmern dabei. Vor „Leibesertüchtigung"[1] nach dem Motto „*mens sana in corpore sano*" (gesunder Geist in gesundem Körper) kann einem nur grausen.

8 Sportliche Wettkämpfe geben vor, dem Frieden der Welt zu dienen; in Wirklichkeit fördern sie Aggressionen.

PRO

1 Der alte Trick, Erwünschtes und Unerwünschtes gegeneinander aufzurechnen wie die Aktiva und Passiva einer Bilanz, Kanonen gegen Butter, Sozialwohnungen gegen Starfighter, gewinnt nicht durch Variation. Wahr ist vielmehr: Der öffentliche Finanzaufwand für die Olympischen Spiele ist nie höher und oft niedriger als der bleibende Wert des dadurch Geschaffenen: Sportstätten, Wohnheime, Straßen und Bahnen. Kluge Planer beziehen die späteren Verwendungsmöglichkeiten in ihre Rechnungen ein.

2 Wenn Marxisten-Leninisten-Kommunisten-Sozialisten sagen, Sport sei doch nichts anderes als ein ungeheures Täuschungs- und Ablenkungsmanöver der Herrschenden, dann wird man fragen dürfen, warum dieser Sport nirgendwo sonst in der Welt so sehr gefördert wird wie in den beiden führenden sozialistischen Staaten, UdSSR und DDR.

3 Die Unterscheidung von „Freizeitsport" auf der einen Seite und „Leistungssport" auf der anderen ist ein Kunstprodukt. Wo immer Leistungen gemessen werden, ist der Drang, besser zu sein als andere, aus der Geschichte der Entwicklung der Menschheit gar nicht wegzudenken.

4 Wie eng eine Gemeinschaft sich zusammenschließt, hängt immer von der Konkurrenzsituation ab. Opa im Trimm-dich-Lauf pflegt *team spirit* viel weniger als ein Leistungsfußballer unter elf.

5 Hier scheiden sich die Geister. Pro-Argumentierende gehen davon aus, daß es Menschen Spaß macht. Das gilt natürlich viel mehr noch für die freiwillig gewählte Sportdisziplin als für den unter Zwang des Broterwerbs ergriffenen Beruf.

6 Warum sollte jemand, der die Macht dazu hat, nicht wenigstens versuchen, die allenthalben beklagten Auswüchse des Leistungssports zu bekämpfen? Mag sein, daß es ein Kampf gegen Windmühlen ist. Aber wer Don Quijote nur lächerlich sieht, sieht ihn falsch.

7 Bei den meisten, die den Olympischen Spielen mit Ignoranz, Indolenz oder Ressentiments begegnen, läßt sich wohl feststellen, daß in Wirklichkeit gar nicht die Olympischen Spiele gemeint sind, sondern der Sport schlechthin gemeint ist. Die Verdrehung eines lateinischen Zitats liefert dafür eine schlechte Begründung. Bei Juvenal[2] heißt es: „*Orandum est ut sit mens sana in corpore sano.*" Und das bedeutet nun genau das Gegenteil von dem, was teutsche[3] Leibesertüchtiger da hineingelesen haben; es bedeutet nicht, daß ein gesunder Körper gewissermaßen die Voraussetzung schaffe für einen gesunden Geist, sondern vielmehr: Man muß darum beten, daß in einem gesunden Körper auch ein gesunder Geist sei; mit anderen Worten: daß der Sport uns nicht nur Muskelprotze[4] beschert. Schade, daß gerade diejenigen, die sich so sehr und so aufrichtig um „Kontakt zu den Arbeitern" bemühen, den Sport als eine Brücke allzu gering schätzen.

8 So oft und so guten Willens die „Aggressionen" im Sport oder durch den Sport auch beklagt werden: wir wünschten, mit Bertrand Russell, Aggressionen tobten sich nie und nirgendwo schlimmer aus.

Fußball

Immer wenn eine Weltmeisterschaft oder dergleichen bevorsteht, dringt der Fußball als Gesprächsthema auch wieder in gehobene Kreise. Die Frage, um die es aus diesem Anlaß geht, heißt: Hat in der höheren Geistigkeit der Dritten Programme[5] Fußball für die, die selber nicht spielen, einen legitimen Platz?

CONTRA

1 Wenn der Kopf vor allem als Stoßinstrument in Erscheinung tritt, sind die Tage der Holzköpfe gekommen.

2 Was als sportlicher Wettkampf auf grünem Rasen sich tarnt, ist in Wirklichkeit ein großes Geschäft und sonst nichts.

3 Wenn Sport schon sein muß, dann doch lieber Hockey oder Golf.

4 Dem Frieden der Welt wird wenig gedient durch Haß, Neid und Rowdytum, wie sie bei Fußballspielen sich austoben.

5 Wenn die Deutschen die Größten sein wollen, dann ist ihnen sogar Fußball recht.

PRO

1 Fußball kann verstanden werden als eine Mischung aus Schach, Athletik und Ballett. Das Spiel hat für jeden, der es versteht, kalkulatorische, kämpferische und künstlerische Aspekte.

2 Gemessen am Honorar eines Schlagersängers wird der Fußball-Entertainer eher ärmlich bezahlt: und warum soll denn eine schwache Stimme besser verdienen als stramme Waden? Gewiß gehört der Fußball auch zum Showbusineß – aber welche Show!

3 Die Beliebtheit des Fußballspiels basiert auf (anders als beim Schach) für jedermann verständlichen Regeln, auf einem (anders als beim Hockey) für jedermann sichtbaren Ball, auf (anders als beim Wasserball) für jedermann erkennbaren *fouls*, auf (anders als beim Golf) *team spirit*, auf (anders als beim Eishockey) Bewegungsabläufen, die im einzelnen jeder nachvollziehen kann.

4 Fußball ist das ideale Kampfspiel. Ohne Härte geht es nicht, aber Schwerverletzte sind selten.

5 Nationalismus und Aggressionen, auch aggressiver Nationalismus (von Lokalpatriotismus nicht zu reden), sie toben sich offenbar gern aus bei Fußball-Länderspielen oder -Meisterschaften – aber da die Aggressionen nun einmal zum menschlichen Leben gehören, und das doch gewiß nicht durch den Fußball: wäre es besser, sie zu verdrängen?

6 So deutlich wie nirgendwo sonst demonstriert sich im Fußball, daß mit Individualismus oder Kollektivismus allein das Höchste (und das ist im Kampfspiel nun einmal der Sieg) nicht zu erreichen ist, sondern nur durch eine geglückte Synthese von Einzelleistung und *team spirit*.

Camping

Am vollen Busen der Natur ruhen: wer von uns Großstädtern wollte das im Urlaub nicht? Die einen Freunde versuchen uns zu raten: nur wer „campt", lebt natürlich; die anderen versuchen uns abzuraten: Camping ist nun wirklich das letzte. Hier die Argumente der einen und der anderen.

PRO

1 So sehr „mitten in der Natur" wie ein Zelt oder ein Wohnwagen(-Anhänger) kann ein Hotel oder Gasthof gar nicht liegen.

2 Camping ist, gemessen an den ständig steigenden Hotelpreisen, billig.

3 Jede Menge Kinder und Tiere kann man zum Camping mitnehmen, die in Hotels, auch in schlichteren Gasthöfen, als störend empfunden werden.

4 Der „Camper" ist an keinen Ort gebunden; gefällt es ihm an seinem ersten Urlaubsziel nicht, sucht er sich ein zweites.

5 Die Kameradschaft der Camper auf ihren Plätzen ist großartig, dort kann man noch echte Gemeinschaftserlebnisse haben.

CONTRA

1 Fahrer kleiner Autos mit großen Anhängern sind, sofern sie nicht auch schon Omnibusse oder Lkw[6] über enge Paßstraßen gesteuert haben, eine überdimensionale Straßenverkehrsgefahr für sich selber und für andere.

2 Die Mischung von quärrenden Kofferradios, stinkenden Behelfstoiletten und stechendem Ungeziefer, die einen Campingplatz ausmacht, ist mit „Natur" vielleicht doch etwas allzu euphemistisch beschrieben.

3 Meistens geht so ein Campingurlaub auf Kosten der Frauen: Sie müssen kochen und waschen, genau wie zu Hause, nur unter erschwerten Bedingungen.

4 So richtig erholsam sitzt man nicht, ißt man nicht, liegt man nicht, liebt man nicht, schläft man nicht im Grünen, wenn man die anderen elf Monate des Jahres ganz anderes gewohnt ist.

5 Auf den schönen, den begehrteren Campingplätzen muß man sich ebenso lange vorher anmelden wie in einem Hotel.

6 Schöne Gemeinschaft? Lästige Nachbarn!

Zigarettenrauchen

Neueste Forschungsergebnisse stimmen nicht heiter. Ein medizinisches Forscherteam des Londoner „Royal College of Physicians" hat den ohnehin zahlreichen Argumenten gegen das Zigarettenrauchen noch eins hinzugefügt, nämlich

CONTRA

1 Die Liebes- und Zeugungsfähigkeit des Mannes wie der Frau wird durch Zigarettenrauchen drastisch reduziert, da die Gefäßverengung[7] durch Nikotin die Durchblutung der jeweils benötigten Organe drosselt.

2 Es sterben zehnmal so viele Zigarettenraucher an Lungenkrebs wie Nichtraucher.

3 Es sterben fünf- bis zehnmal so viele Zigarettenraucher

an Herzinfarkt wie Nichtraucher.

4 Ein starker Zigarettenraucher könnte gradsogut statt dessen jede Woche einen Fünfzigmarkschein anzünden. Rauchen ist teuer.

5 Zigarettenraucher belästigen Nichtraucher.

6 Zigarettenraucher sind Umweltverschmutzer (man sehe sich einen großen Aschenbecher voller Kippen[8] an oder gar einen Saal, in dem Raucher getagt haben – widerlich!).

7 Zigaretten betäuben, wie Küfer[9] und Köche wissen, die feineren Geschmacksnerven – der Rauchgenuß geht also auf Kosten des Eß- und Trinkgenusses.

PRO

1 Es gibt frigide Frauen und impotente Männer, die noch nie eine Zigarette geraucht haben.

2 An irgend etwas muß jeder sterben. Wer das Rauchen aufgibt, zum Beispiel an Fettleibigkeit oder Schrumpfleber.[10]

3 Statistische Beweise sind fragwürdig, oft widerlegbar.

4 Die Tabakindustrie und der Zigarettenhandel wollen auch leben – und der Staat verdient ganz schön daran.

5 Irgend etwas braucht jeder, wenn er mal aufgeregt ist, oder so . . . etwas zum sich daran Festhalten.

6 Wir kennen einen Mann, der raucht nie weniger als sechzig Zigaretten am Tag; jetzt ist er über siebzig und noch sehr munter.

7 Einen Spaß muß der Mensch doch haben. Essen, Trinken, Rauchen, Lieben – alles gesundheitsschädlich? Vielleicht ist das Leben überhaupt gesundheitsschädlich, es führt schließlich mit Sicherheit zum Tode.

Alkohol

Über Rauschmittel oder „Rauschgifte" wird ziemlich viel geschrieben. Am liebsten halten die Schreiber sich dabei an Exotisches wie Mescalin oder Marihuana. Über die von der eigenen Gesellschaft akzeptierten Rauschmittel schreibt sich's schwerer: weil man dann anschreiben muß gegen einen starken Strom von kollektiver Erfahrung und darauf mehr oder minder sicher gegründeter Meinung – oder gegen mächtige ökonomische Interessengruppen.

CONTRA

1 Es besteht kein Zweifel daran, daß Alkohol nicht gesundheitsfördernd und, häufig oder in großen Mengen genossen, mit Sicherheit gesundheitsschädlich ist. Ein großer Teil aller Leberleiden ist eindeutig auf Alkoholexzesse zurückzuführen.

2 Alkohol als Tröster hat schon manchen zugrunde gerichtet – und seine Familie dazu.

3 Jährlich gehen diesem Staat soundsoviele Arbeitsstunden und soundsoviele Krankenkassen[11]-Millionen verloren durch die Opfer des Alkohols.

4 Alkohol hilft überhaupt nichts, sondern erzeugt nur Illusionen, die spätestens an einem nüchternen Aschermittwoch[12] zerbrechen.

5 Manche ganz „normalen" Menschen schrecken nach starkem Alkoholkonsum auch vor Verbrechen nicht zurück.

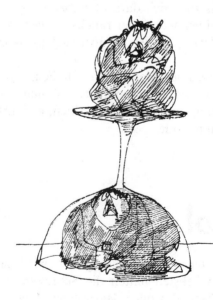

PRO

1 Alkohol mag was Schreckliches sein; Bier, Wein und Schnaps sind was Gutes.

2 An Winzer-Genealogien läßt sich nachweisen, daß eine Flasche Wein pro Tag niemandem mehr als nötig schadet.

3 Irgend etwas braucht jeder Mensch, braucht jede Gesellschaft offenbar, um Lebensangst und Todesfurcht zeitweilig zu überwinden. Weder unter Linken noch unter Rechten, weder unter Jungen noch unter Alten, weder unter Europäern noch unter Asiaten geht es ganz ohne „Lebensbewältigungsdrogen"[13]. Ohne sie auszukommen, schafft immer nur eine Minorität, die sich dafür an ihrer „Weltanschauung" berauscht.

4 „Geselligkeit" als Fähigkeit des Menschen, sein Monadendasein[14] zu überwinden, bedarf einer Stimulanz. In einer Gesellschaft, in der Alkohol toleriert wird, einigt man sich da am ehesten bei Bier, Wein und Schnaps.

5 Manche ganz „normalen" Menschen werden erst nach (mäßigem) Alkoholkonsum wirklich nett.

DER EINZELNE UND DIE GESELLSCHAFT

Ehe und Familie

Der Westdeutsche Rundfunk hat unter seinen Hörern ermittelt, daß mehr als die Hälfte von der auf Ehe gegründeten Familie nichts mehr halten. Sie ziehen Wohngemeinschaften, Kommunen, freie Partnerschaften vor. Es steht zu fürchten, daß die Befragten wenig Gelegenheit hatten, nach allerlei Erfahrungen in Ruhe abzuwägen, was gegen Ehe und Familie spricht – und was dafür.

CONTRA

1 Familien werden von den Jungen und den Linken als Ausbund oder sogar Ursache des wenig geliebten „Bürgertums" gesehen.

2 Wo Ehen leicht scheidbar geworden sind, dienen sie schließlich nur noch den mit ihrem Schließen und Lösen beschäftigten Institutionen: Kirchen, Standesämtern, Rechtsanwälten.

3 Der Mensch ist nicht monogam.

4 Was auseinander will, kann heute kein Gott mehr zusammenhalten.

5 Niemand ist ungeeigneter für die Erziehung von Kindern als die eigenen Eltern.

6 Überall rebellieren Kinder gegen ihre Eltern.

7 Die Familie ist ein Hort der Reaktion gegen fortschrittliche Vorschulen, Schulen, Hochschulen.

8 Die Familie erhält Autoritätsstrukturen aufrecht, die abgebaut werden sollten.

9 Praktische Erfahrung lehrt doch: Es gibt kaum mehr Familien, in denen nicht die Kinder lieber frei von ihren Eltern oder die Eltern frei von ihren Kindern oder die Kinder frei von ihren Geschwistern oder die Eheleute frei voneinander wären – wenigstens zeitweise.

PRO

1 Das letzte Contra-Argument beruht, da kein einzelner wirklich umfassende Erfahrungen haben kann, auf unzulänglichen Statistiken, fragwürdigen Umfragen und dem Adverb „zeitweise".

2   Das erste Contra-Argument beruht auf einer Illusion: In Wirklichkeit ist die Familie „Ausbund" oder „Ursache" aller zivilisierten Gesellschaften dieser Erde, der bürgerlichen wie der proletarischen, der kapitalistischen wie der sozialistischen, der abendländischen wie der morgenländischen, der christlichen wie der buddhistischen. Gewiß sehen diese Familien überall anders aus; aber sie sind einander doch alle noch erkennbar ähnlich.

3   Millionen von Ehen halten dreißig Jahre und länger. Es ist keine Kommune bekannt, die länger als zehn Jahre gehalten hätte.

4   Es wird heute nicht weniger und es wird jünger geheiratet als früher.

5   Die zahlreichen Ehescheidungen sprechen keineswegs gegen die Institution Ehe, denn: in den weitaus meisten Fällen ist einer der beiden Geschiedenen schon nach kurzem wieder verheiratet, oft sind es beide.

6   Eine Ehe könnte durchaus eine zweite Frau (und mehr, wie im Islam) oder einen zweiten Mann (was dem einen recht ist . . .)[1] mit einschließen. Nicht auf Monogamie kommt es an, sondern auf Loyalität, die – schon und vor allem im Interesse der nächsten Generation – nicht beliebig kündbar ist.

7   Außer Pädagogen glaubt kein Mensch, daß Pädagogen generell zur Erziehung besser geeignet seien als die Eltern; denn es gibt nicht nur schlechte Eltern.

8   Man messe Wörter und ihre Inhalte an den Gefühlsintensitäten, die in sie – eine Art unbewußter Volksabstimmung über Generationen hinweg – unterbewußt eingegangen sind. „Zu Hause", „*at home*", „*chez nous*" schneiden dabei nicht schlecht ab.

9   Die Vorzüge von Kommunen, Wohngemeinschaften, freien Partnerschaften für Zwanzig- bis Dreißigjährige liegen auf der Hand. Sechzigjährige nehmen sich in Kommunen etwas sonderbar aus. Der größere Teil der Erdbevölkerung ist älter als dreißig!

Weihnachten

Jedes Jahr mindestens einmal drängt sich die Frage auf, ob und mit welchem Recht wir Weihnachten feiern können. Sie ist durch rationale Überlegungen kaum zu beantworten. Sei's drum: der Versuch soll dennoch gemacht werden.

CONTRA

1 Was kann dabei Gutes herauskommen, wenn die Menschen einen Geburtstag feiern, an dessen aktuelle Relevanz die meisten von ihnen nicht mehr glauben.

2 Wo gefeiert wird, wenn nur wenige an einen Grund zum Feiern glauben, machen Heuchelei und Sentimentalität sich breit.

3 Deutsche Innigkeit und Innerlichkeit[2] zeigen sich von ihrer schlimmsten Seite, wenn Krippen unter Tannenbäume gestellt und sinnlos süße Lieder intoniert werden.

4 Den Nächsten zwei Tage von 365 zu lieben – das ist ein allzu billiger Ausweg aus der Lieblosigkeit.

5 Ernsthafte Christen fühlen sich unangenehm berührt durch Weihnachtsformen, die sich offenbar wieder zurückentwickelt haben zu ihren heidnischen Herkünften.

6 Im Grunde ist Weihnachten doch nur noch das Fest des Einzelhandels und der Kaufhäuser. Es unterstützt also genau jenen Konsum-Fetischismus, der der größte Feind eines christlichen wie eines humanistischen Weltverständnisses ist.

7 Schenken ist schön. Aber zu Weihnachten werden am meisten die beschenkt, die ohnehin am meisten haben; und am wenigsten die, die es am nötigsten hätten.

PRO

1 Die Gesellschaft, in der wir leben, bekennt sich – zumindest formell – mit großer Mehrheit zum Christentum. Also ist es richtig, die Geburt Christi – zumindest formell – zu feiern.

2 Jede Unterbrechung der Alltagsroutine durch Feiertage macht das Leben lebenswerter. Solange wir allgemein akzep-

tierte neue Feiertage nicht haben – laßt uns um Himmels willen an den alten festhalten.

3 Noch der blödeste Geschenkeeinkaufsrummel[3] demonstriert, und fördert dadurch, eine notwendige menschliche Fähigkeit, die allzu leicht zu verkümmern droht: die Fähigkeit, an andere zu denken.

4 Mögen viele Aufwendungen zu Weihnachten als Lösegelder eines schlechten Gewissens ganz richtig gesehen werden: Wäre es denn besser, wenn schlechtes Gewissen uneingelöst bliebe? Mit anderen Worten: Wir schaffen doch nicht das schlechte Gewissen ab, wenn wir Weihnachten abschaffen.

5 Vielen Erwachsenen käme die Abschaffung des Weihnachtsfestes ganz recht. Aber entscheiden darüber müßten doch die – so wie die Dinge nun einmal liegen – am meisten Betroffenen: die Kinder. Ihnen ist jeder Vorwand recht, etwas geschenkt zu bekommen. Nur den Kindern? „Weihnachtsgratifikationen", welcher Art auch immer, nehmen doch offenbar auch diejenigen gern in Anspruch, die von Weihnachten nichts halten.

6 Wenn es Weihnachten nicht schon gäbe, müßte man es erfinden – und dann „hohe Nacht der klaren Sterne" oder „Wintersonnenwende" oder, nach kubanischem Muster, „Tag der Kinder" nennen; zu unerträglich wäre sonst in unseren Breiten die lange Zeit des Nebels und des Schneematsches[4] zwischen November und März.

7 Ein Fest der Liebe: Auch wer das viel leichter parodieren als mitmachen, liebend mitmachen kann, sollte sich fragen, ob er wirklich eine Welt will, in der alle Sentimentalitäten ersetzt würden durch rationelle Nüchternheit.

Frühaufstehen

Es sei hier von der Leidenschaft fürs Frühaufstehen die Rede, wie sie etwa an Sonn- und Feiertagen oder im Urlaub sich austoben kann – also immer nur dann, wenn kein Muß dahintersteht. „Früh" heiße in diesem Zusammenhang alles, was vor 9 Uhr geschieht.

PRO

1 Morgenstunde hat Gold im Munde.
2 Wer früh aufsteht, für den ist der Tag länger.
3 Dem Frühaufsteher winkt das Vergnügen des Mittagsschlafes.
4 Frühaufstehen ist gesund. Langschläfer sind dekadent.
5 Frühaufsteher genießen den Ruf von fleißigen Leuten, während Langschläfer als Faulenzer gelten.
6 Morgens um sieben ist die Welt noch in Ordnung – herrlich ruhig, zum Beispiel.
7 Wenn Frühstück und Mittagessen zusammenfallen, gerät der ganze Tagesablauf durcheinander.
8 Nur wer früh aufsteht, ist abends rechtschaffen müde.
9 *It is the early bird that catches the worm.*

CONTRA

1 Das angebliche Gold im Munde des Morgens verdankt seine Existenz einem albernen lateinischen Wortspiel mit dem Namen der Göttin der Morgenröte: Aurora = aurum (Gold) in ore (im Mund).

2 Gut leben heißt: können, ohne zu müssen – also zum Beispiel aufstehen.

3 Ein richtiger Urlaub besteht darin, alles anders zu machen als in der Routine des Alltags – also lange zu schlafen, wenn man sonst früh aufstehen muß.

4 Das Mahlzeitenproblem ist leicht zu lösen. An der Hamburger Börse heißt das, was andere Leute Mittagessen nennen, „Frühstück". Und die Amerikaner haben Frühstück (breakfast) und Mittagessen (lunch) zusammengezogen zu einem „brunch". Eine Mahlzeit weniger am Tag kann den dicken Deutschen nur guttun.

5 Es gibt doch nichts Herrlicheres als: wach zu werden, sich aufs andere Ohr zu legen und weiterzuschlafen. Um das voll auszukosten, stellen sich manche Menschen den Wecker zwei Stunden früher, als sie aufstehen wollen (müssen).

6 Nie und nirgendwo ist der Mensch glücklicher und zufriedener als morgens halbwach im Bett – der allergrößte Hochgenuß!

7 Ob je und wann immer die Welt in Ordnung sein mag – am erträglichsten ist sie, wenn man ausgeschlafen ist.

8 Wer früh aufsteht, der ißt sich arm; beim Spätaufstehn bleibt's Bett schön warm. (Fränkisches Sprichwort)

9 *It is the early worm that is caught by the bird.*

Hunde

Wer von uns hätte nicht schon auf „diesen Köter"[5] geschimpft? Und wie viele von uns waren schon empört, wenn „dieser Köter" nun gerade ihr Liebling war? Müssen wir uns mit „diesen Kötern" abfinden? Doch ganz sicher nicht. Es bedürfte nur eines Beschlusses, sie abzuschaffen – so wie wir die Pferde (weitgehend) abgeschafft haben. Die Stadt Hamburg, zum Beispiel, ist dabei, Hunde „abzuschaffen", indem sie Hundesteuern erhebt, die für Normalverdiener prohibitiv sind. Was spricht eigentlich gegen Hunde – und was für sie?

CONTRA

1 Hunde bellen (Lärmbelästigung) und beißen (schwere Körperverletzung).

2 Hunde verschmutzen die Umwelt.

3 Hunde wollen gepflegt und gefüttert sein, kosten Steuer, haben Krankheiten, werden aus vielen Restaurants und Hotels verbannt, dürfen nicht ins Ausland (verschiedene Länder praktizieren verschiedene Restriktionen gegen den „Import" von Hunden) – kurz: Hunde sind für die von ihnen Besessenen ziemlich lästig.

4 Unangenehme Menschen lieben Hunde statt ihresgleichen.

PRO

1 Der Volksmund sagt: Hunde, die bellen, beißen nicht. Also sollten wir froh sein, wenn sie bellen.

2 Die gefährliche Umweltverschmutzung, von der die zuständigen Forscher nachgewiesen haben, daß sie nicht weniger als die Existenz der Menschheit gefährdet, hat mit Hunden überhaupt nichts zu tun. Im Gegenteil: Rousseaus Welt der schönen Wilden, nach denen sich die im Zivilisationsmüll[6] erstickte Menschheit doch zuweilen zurücksehnt, war eine Welt der Tiere.

3 Wer Hunde liebt, tut auch etwas für sie. Er wird dafür belohnt durch die sprichwörtliche Treue des Hundes.

4 Hunde sind die besten Gefährten der Einsamen und ein guter Schutz der Schutzlosen.

Großstadt

Folgende Situation sei vorgestellt: Ein Mensch, den wir X nennen wollen – wobei fast jeder von uns an die Stelle der Unbekannten einen Bekannten zu setzen wüßte –, will, sagen wir als Arzt, sich niederlassen, und er hat die Wahl zwischen einer Praxis in der Großstadt und einer Praxis auf dem Land. Dabei wollen wir von Besonderheiten des Arztberufes absehen; denn es soll hier ja nicht auf den Beruf, sondern auf die Großstadt hinauslaufen.

CONTRA

1 In der Anonymität der Großstadtgesellschaft wird einer zur Nummer, zum kleinen Rädchen in einem riesigen, kaum mehr überschaubaren Getriebe; man kennt die Nachbarn nicht (und die Patienten nicht) und den Bürgermeister nur aus der Zeitung.

2 Die überall zu beklagende Verschmutzung der Umwelt erreicht in den Großstädten lebensgefährliche Grade. Das Leben auf dem Lande ist gesünder.

3 Die wichtigsten Lebensmittel sind in der Großstadt teurer als auf dem Lande.

4 Einigermaßen zentral gelegene Wohnungen in der Groß-stadt sind – da um jeden Quadratmeter auch Firmen mitbieten für ihre Büros und Konzerne für ihre Warenhäuser – sehr teuer, für Normalverdiener oft nicht mehr zu bezahlen. Etwas früher so Selbstverständliches wie ein Garten ist im Zentrum der Großstädte zum unerschwinglichen Luxus geworden.

5 Weil das vierte Contra-Argument so wahr ist, landete schon mancher, der in die Großstadt wollte, im Suburbia der Vor-städte und Schlafstädte, die nun ebenso weit entfernt sind von den Attraktionen der Großstadt wie von der Natürlichkeit des Landlebens.

6 Landbewohner sind kräftig und gesund, Großstädter kränk-lich und dekadent.

7 Man sieht es doch, wie an Wochenenden und im Urlaub die Großstädter hinausdrängen aufs Land!

PRO

1 Die „Natürlichkeit des Landlebens" – wo gibt es sie denn
noch? Heißt die Alternative zur Großstadt nicht bald überall
Suburbia? Werden die paar grünen Oasen in den Asphalt-
und Betonwüsten nicht mehr und mehr zum Anachronismus?
Sind es nicht nur sentimentaler Romantizismus und spätbürger-
licher Egoismus, die an ihnen festhalten wollen?

2 Gewiß kostet das Leben in den Großstädten mehr als auf
dem Lande. Aber Berufsausübung in der Großstadt bringt
auch mehr ein, bietet dem einzelnen mehr Chancen, sich zu
verbessern.

3 Großstädte haben bessere Schulen, bessere Theater, bessere
Orchester, bessere Bibliotheken, bessere Kinos, bessere
Kneipen und manchmal eine Universität, das heißt: sie haben
ein „kulturelles Leben".

45

4 Großstädte haben mehr und bessere „soziale Einrichtungen": Kindergärten, Einkaufszentren, Krankenhäuser, Sportplätze, Schwimmbäder, Altersheime.

5 Wer Gesellschaft sucht, findet die für ihn passende in einer Großstadt doch leichter als auf dem Lande – und kann dann die persönliche Bekanntschaft mit dem Bürgermeister wohl entbehren.

6 Provinzler leben hinter dem Mond; Großstädter sind *au courant*[7].

7 Man sieht es doch, wie an Wochenenden und im Urlaub die Leute vom Lande hineindrängen in die Großstadt!

Unsere Klassengesellschaft

Hier gehe es nicht um die Frage, was für oder gegen eine Klassengesellschaft spricht. Gefragt ist allein danach, wie sinnvoll es ist, die Gesellschaft, in der wir leben, als „Klassengesellschaft" zu beschreiben. Was spricht dafür, was spricht dagegen?

PRO

1 Es ist doch nicht zu leugnen, daß das Leben jedes einzelnen und sein Verhältnis zur Gesellschaft durch ökonomische Verhältnisse bestimmt wird.

2 Entscheidend ist dabei vor allem, wer über Investitionen, und damit über die materielle Basis unserer Existenz, bestimmt. In der kapitalistischen Klassengesellschaft bestimmt eine kleine Gruppe von Unternehmern oder von Leuten, die im Auftrag und im Interesse von Unternehmern handeln.

3 Nach den kapitalistischen Marktgesetzen müssen Investitionen privater Unternehmer „Profitmaximierung" anstreben; es muß, mit anderen Worten, ohne Rücksicht auf die wirklichen Bedürfnisse alles produziert werden, was sich mit möglichst

hohem Gewinn verkaufen läßt – auch Unnützes, auch Schädliches.

4 Die relativ kleine Gruppe der Unternehmer wird zur Klasse der Bourgeoisie durch all die vielen, die von der „Revenue", vom Gewinn der Unternehmer, leben – exemplarisches Beispiel: die Beamten – und die deswegen das bestehende sozioökonomische System rechtfertigen und verteidigen.

5 Zwischen der Bourgeoisie (den Unternehmern und ihren Rechtfertigern) und dem Proletariat (das nur seine Arbeitskraft und sonst nichts besitzt) gibt es die Schicht der Kleinbürger, für die ihre Arbeitskraft zwar nicht der einzige, aber der wichtigste Besitz ist.

6 Wenn die Klassengegensätze sich nicht mit voller Deutlichkeit auch als Gegensätze zwischen arm und reich manifestieren, wenn es breit gefächerte Einkommen gibt, so darf das nicht darüber hinwegtäuschen, daß diese Gesellschaft noch weit von dem Zustand der Gleichheit entfernt ist und die Unterprivilegierten nach wie vor gegen den Widerstand der Privilegierten sich Rechte zu erkämpfen haben.

7 Es ist nicht zu leugnen, daß es in dieser Gesellschaft Herrschende und Beherrschte gibt, Ausbeuter und Ausgebeutete.

8 In einer gerechten demokratischen Gesellschaft sollte es unmöglich sein, daß jemand schon durch seine Geburt in den Genuß von Privilegien kommt (wie sie zum Beispiel Vermögen gewährt).

9 In einer solchen Gesellschaft sollte es auch nicht möglich sein, daß jemand im Luxus lebt, ohne zu arbeiten.

CONTRA

1 Die marxistische Weltauffassung hält Gegenargumenten immer um so besser stand, je stärker sie abstrahiert, je weniger sie sich auf konkrete Beobachtungen und Vergleiche einläßt; nicht zufällig betrachtet sie Pragmatismus und Positivismus als Feinde.

2 Die Entscheidungsbefugnisse der Unternehmer sind seit den Zeiten des Karl Marx und des Manchester-Liberalismus[8] erheblich eingeengt worden. Ein Spielraum für unverantwortliche Willkür mag manchen noch geblieben sein. Aber wer

wollte darauf allein die allumfassende Konzeption einer „Klassengesellschaft" gründen?.

3 Größtes Mißtrauen scheint angebracht, wo Planer und Ideologen die „wirklichen Bedürfnisse" der Menschen besser zu kennen vorgeben, als die Menschen selber ihre Bedürfnisse kennen.

4 Von irgendeiner „Revenue" leben wir alle – die Angestellten eines staatlichen Betriebes kein bißchen anders als die Angestellten eines privaten Betriebes.

5 Welcher Klasse, bitte, gehören die folgenden Leute an: ein Bauer in der DDR[9]? ein Bauer in der BRD[10]? ein Unteroffizier? eine Chefsekretärin? ein Pfarrer? ein kommunistischer Schlagersänger im Westen? der Chefredakteur einer kommunistischen Zeitung? ein Professor, der CDU[11] wählt? ein Professor, der DKP[12] wählt? ein Taxichauffeur, der seinen eigenen Wagen besitzt? eine Oberschwester? ein Oberkellner (Liste beliebig verlängerbar)? Herrschen sie? Werden sie beherrscht? Beuten sie aus? Werden sie ausgebeutet?

6 Für Chancengleichheit kämpfen auch Liberale, die eine totale Gleichmacherei für a) impraktikabel, b) nicht wünschenswert halten. Eine Gesellschaft, in der die tausendfältige, nicht polarisierbare Ungleichheit der Befähigungen wie der Bedürfnisse anerkannt würde, wäre dadurch noch keine „Klassengesellschaft".

7 Viele „herrschen", „werden beherrscht"; und die meisten herrschen in dem einen Bereich (vielleicht im Betrieb) und werden beherrscht in einem anderen (vielleicht in der Familie) – oder umgekehrt. Kann man darauf ein System bauen? Hegel hat es versucht – aber sein „Herr" und sein „Knecht" schwanken heute als abstrakte Metaphern durch ein verlorenes Reich des Absoluten.

8 In der Tat sind ererbte Privilegien mit streng demokratischen Auffassungen schwer vereinbar. Auch radikal Liberale wollen sie abschaffen. Mit einem freilich muß man dabei behutsam umgehen: mit dem ökonomisch wie biologisch eminent nützlichen Trieb des Säugetiers, für seine Jungen zu sorgen.

9 Es will doch wohl niemand im Ernst das Konzept einer „Klassengesellschaft" auf die paar Playboys und Playgirls gründen, die „*bourgeois oisifs*"[13], die mit unverdienten Hundertmarkscheinen um sich werfen.

POLITIK UND GESETZ

Wahlkampf

Es gibt in allen parlamentarisch regierten Ländern, am Ende jeder Legislaturperiode immer wieder das gleiche. Optimisten registrieren verstärktes politisches Interesse. Pessimisten bemerken vor allem eine Inflation von Beschimpfungen, Unterstellungen, Verleumdungen. Was spricht für einen Wahlkampf?

PRO

1 Gerade in einer parlamentarischen Demokratie, deren Prinzip darin liegt, daß der Wählerwille an Abgeordnete delegiert wird, muß den Bürgern die Möglichkeit gegeben werden, an ihre Partei, an ihre Abgeordneten Fragen zu stellen; muß den Parteien Gelegenheit gegeben werden, sich zu profilieren, indem sie solche Fragen beantworten. Welche Zeit eignet sich dafür besser als die, in der aus unbefriedigenden Antworten bald darauf Konsequenzen gezogen werden können: Diese Partei wähle ich nicht wieder!

2 Alles sei uns recht, was dazu beitragen kann, den in der parlamentarischen Demokratie ohnehin leicht zu großen Abstand zwischen Wählern und Abgeordneten zu verkleinern. Im Wahlkampf geraten sie in nützliche Tuchfühlung[1] miteinander.

3 Eine Demokratie, das zeigt der internationale Vergleich, ist um so lebendiger, je bewegter ihre Wahlkämpfe sind. Das eben macht die Demokratie zur Demokratie: daß der Wahl ein Kampf vorausgeht. „Friedliche" Wahlen gibt es in der Sowjetunion.

4 Wahlkämpfe geben nicht nur den Parteien Gelegenheit,

sich den Wählern gegenüber zu profilieren; sie geben auch jungen Politikern Gelegenheit, sich innerhalb ihrer Partei zu profilieren.

5 Das Fernsehprogramm ist zu keiner anderen Zeit so interessant wie während eines Wahlkampfs.

6 Keine Zeitung sollte über den Wahlkampf klagen. Denn gerade sie profitiert davon, indirekt durch verstärktes Leserinteresse, direkt durch Anzeigenaufträge.

CONTRA

1 Es scheint widersinnig, daß eine Partei vier Jahre lang profillos regieren oder opponieren soll, um dann in vier regierungsfreien Wochen Profil zu gewinnen.

2 Der Anschauungsunterricht in Demokratie, den die Politiker den Bürgern während des Wahlkampfes bieten, wirkt oft eher abschreckend als aufklärend.

3 Da der Wahlkampf nicht vier Wochen, sondern so ungefähr ein halbes Jahr vor den Wahlen einsetzt, werden alle acht Jahre ein ganzes Jahr lang innen- wie außenpolitische Entscheidungen nicht durch Vernunft und Notwendigkeit, sondern durch Spekulationen auf die Gunst der Wähler bestimmt.

4 Von dem Geld, das im Wahlkampf für Eigenlob und Diffamierung des Gegners verschleudert wird, könnten mehrere Krankenhäuser gebaut werden.

5 Der Verteilerschlüssel für Unterstützung des Wahlkampfes

aus Steuergeldern – 2,50 Mark pro Wähler, Erhöhung ist bereits vorgesehen – wirkt „systemstabilisierend", indem er der Partei, die schon die meisten Wähler hat, am meisten hilft.

6 Werden dem Wahlkampf die öffentlichen Mittel entzogen, dann hilft das der Partei, die die reichsten Wähler hat.

Rassentrennung

Die Rassentrennung wird, als „apartheid", vor allem in der Südafrikanischen Republik praktiziert und ist als solche in der ganzen liberalen Welt verrufen. Rationale Argumente taugen jedoch zu nichts, wenn sie unterdrückt werden können von der Angst vor einem heiklen Thema. Auch das anscheinend von allen Wohlwollenden für richtig Gehaltene verdient es, immer wieder zweifelnden Fragen ausgesetzt zu werden.

PRO

1 Rassentrennung wird in vielen Ländern dieser Erde praktiziert – wie es nicht nur ein Neger in Südafrika, sondern auch z.B. ein Araber in Israel erfahren kann.

2 Rassentrennung kann offenbar, wenigstens zeitweilig, die Explosionen der Rassenmischung – deutsche Gasöfen wie nordamerikanische Blutbäder – vermeiden.

3 Das Kohabitationsverbot dient dem Schutz der farbigen Frau, die überall dort, wo es dieses Verbot nicht gibt, von weißen Männern sexuell ausgebeutet werden kann.

4 Rassen bleiben, wie andere Gruppen, am liebsten unter sich, haben ihre eigenen Gewohnheiten, ihre eigenen Mahlzeiten, ihre eigenen Gerüche.

5 Verschiedene Rassen repräsentieren nicht nur einen verschiedenen biogenetischen Code, sondern auch verschiedene Zivilisationsstufen. Solche Stufen lassen sich nicht einfach überspringen, wie an den Negerstaaten Afrikas abzulesen ist.

6 Für Rassenmischung läßt sich theoretisch so bequem plädieren; aber manches deutsche Mädchen (zum Beispiel), das

einem Geliebten in dessen arabische Heimat gefolgt ist, war hinterher klüger.

CONTRA

1 Welch ungeheuerlicher Hochmut oder welche stupide Orientierung an Effizienz und Produktion gehört dazu, „Wert" und „Unwert" von Menschen im Hinblick auf ihre Hautfarbe zu bestimmen.

2 Wir sind alle Gottes Kinder. Man kann das auch weltlicher und weniger metaphorisch sagen.

3 Rassengemeinschaften gibt es zweifellos, nur Mangel an Erfahrung kann sie leugnen. Aber die Gemeinschaft der Menschen ist ihnen überzuordnen – so, wie es in der „Erklärung der Menschenrechte" zu Recht gefordert wird.

4 Ein Zivilisationsgefälle, das es gewiß gibt, ist doch gar nicht besser auszugleichen als durch Rassenmischung – wie das Beispiel Brasilien lehrt. Oft werden Neger von Weißen akzeptiert mit der Einschränkung: das seien aber Mischlinge! Ergibt sich daraus nicht das Rezept: viel mehr Mischlinge produzieren? So, wie es in einem südafrikanischen Protestlied heißt: *„And she give him a little bit of black in the night, and he give her a little bit of white."*

5 Auch eine streng an Nutzwerten orientierte Erbbiologie hat herausgefunden, daß „Mischlinge" keineswegs so minderwertig sind, wie sie den scheinbar Reinrassigen vorkommen mögen. Im Gegenteil: die schönsten, die intelligentesten, die „wertvollsten" Menschen sind oft identifizierbar als „Mischlinge": zwischen Schwarzen und Weißen, zwischen Juden und Arabern, zwischen Conquistadoren und Rothäuten.

6 Was sich so scheinbar wertneutral als „Rassentrennung" bezeichnet, bedeutet in der Praxis Unterdrückung, Austreibung oder gar Vernichtung einer anderen Rasse.

7 Provinzialismus, diese lähmende, geisttötende, selbstzufriedene, fortschrittsfeindliche intellektuelle Inzucht,[2] läßt sich nur heilen durch Kontakte – auf der ersten Stufe mit Andersdenkenden, auf der zweiten Stufe mit Anderssprechenden, auf der dritten Stufe mit Andersfarbigen.

Gewalt gegen Personen

Unter „Gewalt" sei jener Zwang verstanden, der vom Psychischen ins Physische umschlägt, der in „Handgreiflichkeiten" ausartet. Mit „Personen" seien alle Menschen gemeint. Gewalt gegen Personen reicht demnach von der Ohrfeige bis zum Massenmord. Im bewußten Widerspruch zu extremen Ansichten trenne ich „Gewalt gegen Personen" von „Gewalt gegen Sachen". „Wenn wir ein Munitionsdepot vernichten, können wir auf die Bewacher keine Rücksicht nehmen." „Gewalt gegen Sachen" kann umschlagen in „Gewalt gegen Personen". Kann; muß nicht. Solange Gewalt nur „potentiell" auch gegen Personen gerichtet ist, bleibt sie außerhalb des Rahmens der folgenden Überlegungen.

PRO

1 Der gerechte Krieg (heute auch „Verteidigungskrieg" genannt) legitimiert das Töten von Gegnern, macht die Gewalt zum Gesetz.

2 Dem Feind der Gesellschaft, dem Gesetzesbrecher oder auch „Verbrecher" gegenüber hat die Gesellschaft das (an Polizei und Justiz delegierte) Recht zu gewaltsamer Festnahme und gewaltsamem Freiheitsentzug.

3 Dem Außenseiter der Gesellschaft, dem Irren oder sonst von den Normen abweichenden Kranken gegenüber hat die Gesellschaft das (an Ärzte und Pfleger delegierte) Recht, ihn mit Gewalt zu bewahren.

4 Kinder stehen in der Gewalt von Eltern und Erziehern.

5 Eine harte, also oft sachgerechte Ausbildung, sei es zum Soldaten oder zum Leistungssportler, ist nicht möglich ohne Befehl und Gewalt.

6 Wenn ein Zustand („eine Gesellschaft") verändert werden muß und nur mit Gewalt verändert werden kann, dann rechtfertigt die Notwendigkeit der Veränderung auch die Anwendung von Gewalt.

7 Gewalt kann nur gebrochen werden durch Gewalt; jeder zu Unrecht Angegriffene hat das Recht auf Gegenangriff (sogenannte Verteidigung) als Notwehr.

CONTRA

1 Der „gerechte Krieg" ist ein Anachronismus, ein tausend-fach als unglaubwürdig erwiesener Rechtfertigungsgrund für die Anwendung von Gewalt.

2 Alle Kollektivgebilde – Staaten, Klassen, Religionsgemein-schaften, ideologische Gruppen, Parteien – behaupten, kollek-tive Gewaltanwendung sei eher vertretbar als individuelle Ge-waltanwendung. „Eher vertretbar" vor wem?

3 Was die „Irren" und Außenseiter anlangt, so erinnern sie an den Affen im Zoo, der zum anderen Affen sagte: Guck dir doch mal die Affen an da draußen vor dem Gitter . . .

4 Bisher hat noch beinahe jede Gesellschaft das „Töten im Namen des Gesetzes" sanktioniert – die Henker wurden ver-achtet.

5 Eine der so schwer zu definierenden Grenzen von Gewaltan-wendung liegt zwischen „Schock" (der immerhin als heilsam erklärt werden mag) und Tötung. Kein Zweck ist so hoch, daß er als Mittel die absichtliche Tötung von Menschen recht-fertigte.

6 „Selbst wenn die Gewalt an der Seite der Gerechtigkeit

auftritt, so mehrt sie sie nicht, sondern verwirrt und hindert die Wirkung der Gerechtigkeit, weil sie das beleidigte Gefühl der Humanität gegen sich wachruft" (Benedetto Croce)[3].

7 Will eine Mehrheit die Gesellschaftsordnung ändern, dann bedarf es dazu nach demokratischem Weltverständnis nicht der Gewalt. Gewaltanwendung einer Minorität (von Regierenden oder Regierten) muß auf Gegengewalt stoßen.

Die Todesstrafe

„Wir wollen nicht von neuem der Todesstrafe den Prozeß machen", heißt es in einer Verlautbarung des Pariser Instituts für Kriminologie. „Alles, was über ihre Nutzlosigkeit, Grausamkeit und Unwiderruflichkeit zu sagen war, ist bereits gesagt worden." Und dennoch: wurden gerade in Frankreich wieder zwei Todesurteile vollstreckt (wegen Geiseltötung), hört man aus den USA von Bestrebungen, die Todesstrafe wieder einzuführen. Es gibt also offenbar Argumente für die Todesstrafe, die sehr viele Menschen überzeugen; vor allem jedesmal dann, wenn ein besonders abscheuliches Verbrechen die Öffentlichkeit erregt hat.

PRO

1 Unleugbar haben schwere Verbrechen wie Entführung und Geiseltötung, hat überhaupt Gewalttätigkeit während der letzten Jahre in der westlichen Welt ständig zugenommen. Dagegen muß mit aller Schärfe vorgegangen werden.

2 „Auge um Auge, Zahn um Zahn, Hand um Hand, Fuß um Fuß (2. Mose 21, 24) – nach diesem mosaischen Gesetz über die Angemessenheit der Strafe gilt auch: ein Leben um ein Leben.

3 Das mosaische Gebot „Du sollst nicht töten" kann nicht auf die Todesstrafe bezogen werden; denn im Volke Israel galt ja beides: das Tötungsverbot ebenso wie die Todesstrafe.

4 Liberale mobilisieren so viel Scharfsinn und Mitleid, um

die Mörder zu verstehen, daß ihr Fonds an Sympathie erschöpft zu sein scheint, wenn es um die Opfer geht.

5 In den autoritären Staaten, in denen es die Todesstrafe gab oder noch gibt, herrschen Gesetz und Ordnung zum allgemeinen Wohl stärker als in den liberalen Demokratien.

6 Lebenslängliche Haft ist unmenschlicher als ein schneller Tod.

7 Warum soll die Gesellschaft Schwerverbrecher auch noch ernähren?

8 Bei „guter Führung" werden die „Lebenslänglichen" nach zwanzig Jahren entlassen und morden dann weiter.

9 Wo sich die Gesellschaft vor Schwerverbrechern durch Gefängnismauern schützt, delegiert sie ihr Risiko an das Aufsichtspersonal des Strafvollzugs. Wer möchte Gefängniswärter sein, Tag für Tag von Mördern umgeben?

CONTRA

1 Die Gewalttätigkeit in der Welt wird dadurch nicht verringert, daß man sie vermehrt um die staatliche Gewalt der Henker.

2 Die Bibel ist nicht beim mosaischen Gesetz stehengeblieben. 2. Mose 21, 24 wird ausdrücklich widerrufen von Matthäus 5, 38 ff. Und schon im Dekalog steht: „Du sollst nicht töten". Es wäre traurig bestellt um den „Fortschritt des Menschengeschlechts", wenn die Gesetze, die sich ein Nomadenstamm vor fast viertausend Jahren gab, noch heute allgemeine Gültigkeit beanspruchen könnten.

3 Wenn es zuweilen den Anschein hat, als ob Liberale an den Verbrechern mehr interessiert wären als an ihren Opfern, dann ist da eine Verzerrung der Optik im Spiel. Für die noch Lebenden kann man mehr tun als für die Toten.

4 Auf die wichtige Frage, ob die Todesstrafe abschreckend wirke, kann es keine wissenschaftlich exakte Antwort geben. Der „normale" Bürger ist überzeugt von dieser Abschreckungskraft – denn auf ihn selber würde sie abschreckend wirken. Der Kriminologe weiß aus empirischen Untersuchungen, daß die meisten Kriminellentypen vom Risiko der Todesstrafe so wenig abgeschreckt werden wie die meisten Autofahrer durch die Verkehrsunfallstatistiken. Trotz Todes-

strafe waren die USA das Land mit den meisten Gewaltver-
brechen innerhalb der zivilisierten Welt. Auch ohne Todesstrafe
war die Sowjetunion ein Land mit bemerkenswert niedriger
Kriminalitätsrate. Daran hat sich nichts geändert, als vor
einiger Zeit die Todesstrafe in den USA abgeschafft, in der
Sowjetunion wieder eingeführt wurde.

5 Auch wer die moderne Auffassung, die Gesellschaft erst
mache Menschen zu Verbrechern, für in dieser Form falsch
hält, wird schwerlich behaupten können, der Gesellschaft falle
dabei gar keine Verantwortung zu. Im übrigen müßten sich
Gefängnisse so einrichten lassen, daß die zur Sicherheit dort Ver-
wahrten ihren bescheidenen Lebensunterhalt selber verdienen.

6 Das Risiko, daß potentielle Mörder frei herumlaufen, wird
durch die Todesstrafe so gut wie gar nicht verringert (da ja
niemand im Ernst dafür sein kann, alle potentiellen Mörder
umzubringen).

7 Wer gegen die Todesstrafe ist, macht es sich in der Tat
zu einfach, wenn er das Risiko den Beamten des Strafvollzugs
aufbürdet. Es kann aber doch nur eine Frage der Organisation
sein, lebensgefährliche Kontakte zwischen Tätern und Wärtern
auszuschließen.

8 Justizirrtümer gibt es ja. Wenn einer erst mal tot ist, sind
sie nicht mehr revidierbar (dieses Argument war das stärkste,
als in England die Todesstrafe abgeschafft wurde).

Tötung auf Verlangen

Von „Euthanasie" sprechen wir nicht mehr gern. Zu furchtbar
ist dieser human gemeinte Begriff in Deutschland (1933 bis
1945) mißbraucht worden. Und welche „*thanasie*" wäre schon
„*eu*", auf deutsch: welches Sterben wäre schon gut? Den oft
mühsamen Versuch, alle einigermaßen vertretbaren Argumente
pro und contra zu sammeln, erleichterte mir hier Emil Ober-
mann mit einer Diskussion im deutschen Fernsehen. Das
Thema nannte er klugerweise nicht „Euthanasie", sondern
„Tötung auf Verlangen".

PRO

1 Es ist Sache des Sterbenden, und nicht des Arztes, zu bestimmen, wann die Qual des Sterbens ein Ende hat.

2 Wo der Selbstmord nicht bestraft wird, und die Beihilfe zum Selbstmord daher auch nicht: wie kann da „Tötung auf Verlangen", was doch durchaus interpretierbar wäre als tätige Beihilfe zum Selbstmord, bestraft werden?

3 Wenn Sachverständige sagen, Tötung werde von todkranken Patienten (und um die nur gehe es hier) so gut wie niemals verlangt – warum sollte der Gesetzgeber mit Strafe bedrohen, was „so gut wie niemals" geschieht?

4 Es wird kaum jemals jemand ernsthaft bestraft wegen des Deliktes „Tötung auf Verlangen". Warum einen Strafrechts-Paragraphen auch im reformierten Strafrecht beibehalten, der praktisch also offenbar nie in Kraft tritt?

5 Tag für Tag und Nacht für Nacht werden in unseren Krankenhäusern Hunderte von Sterbenden aufgegeben, die durch „Artistik" der Medizin (Herz-Lungen-Maschinen zum Beispiel) noch eine Weile am Leben gehalten werden könnten. Tag für Tag und Nacht für Nacht werden in unseren Krankenhäusern Gequälte von ihren Qualen befreit durch Medikamente, die ihre qualvollen letzten Stunden erleichtern und, als Neben-

wirkung, verkürzen. Warum dann nicht klare Verhältnisse schaffen: Ein unheilbar Sterbender habe das Recht, seinen Tod zu wünschen.

CONTRA

1 Die Gefahr des Mißbrauchs einer rechtlichen Einwilligung in die Tötung auf Verlangen ist ungeheuer groß. Ist der Leidende, der den Tod wünscht, zurechnungsfähig, wenn er unter der Tortur schier unerträglicher Schmerzen steht? Ist der (von der Justiz zu fordernde) Zeuge unabhängig?

2 Die Medizin lehrt uns, daß „unheilbar krank" nicht mit Sicherheit definierbar ist. Immer wieder gibt es den einen oder anderen schon Totgesagten, der dann doch überlebt hat – und sei es nur ein paar Jahre ... Monate ... Wochen.

3 Aus orthodox christlicher Sicht ist auch der Selbstmörder schuldig. Niemand darf von sich aus verweigern, als null und nichtig erklären, was sein Schöpfer ihm gegeben hat.

4 Seit Hippokrates[4] (mit Unterbrechungen), seit 2500 Jahren schwören die Ärzte darauf, Leben zu erhalten. Leben zu beenden, geht gegen das ärztliche Berufsethos.

5 Die Kampfmoral der Ärzte, die gegen den Tod gerichtet sein muß, würde geschwächt, wenn zugegeben werden müßte, daß der Tod dem Sterbenden auch Erlösung bedeuten kann.

Schwangerschaftsabbruch[5]

Eine wissenschaftsgläubige, Spezialisten vertrauende Gesellschaft steht hier vor einem Dilemma: Wer ist da eigentlich zuständig? Gynäkologen? Theologen? Juristen? Soziologen? Biologen? Futurologen? Politiker? Die Argumente pro und contra kommen aus den verschiedensten Bereichen.

CONTRA

1 Für orthodoxe christliche Theologen ist jede absichtliche Tötung keimenden menschlichen Lebens mit Mord gleichzusetzen. Das gilt, streng genommen, auch für Empfängnisverhütung. Die Ablehnung der Pille durch den Papst ist daher nur konsequent.

2 Einem eher vagen, liberaleren religiösen Bewußtsein bereitet der Gedanke Unbehagen, das Leben eines rein äußerlich schon bereits menschenähnlichen Fötus, der älter ist als drei Monate, zu beenden. Daher der Vorschlag einer „Fristenlösung".

3 Ärzte warnen vor nachteiligen physischen und vor allem (mit größerem Recht wohl) psychischen Folgen eines Schwangerschaftsabbruches: Schuldgefühle, Frigidität . . .

4 Sozial- und Moralpolitiker fürchten eine zunehmende „Verwilderung der Sitten", wenn der Zeugungsvorgang immer weniger mit Zeugung und immer mehr mit Lustgewinn zu tun hat.

5 Nationalpolitiker wünschen sich starke Völker mit einem kräftigen Geburtenüberschuß.

6 Es gibt ein ärztliches Ethos, dessen Tendenz dahin geht, Leben um beinahe jeden Preis zu erhalten – auch das des unheilbar dahinsiechenden Greises, auch das des vom Menschsein noch (mehr oder minder) fernen Embryos.

PRO

1 Pragmatiker weisen darauf hin, daß in den beiden einander konfrontierenden Weltmächten, in den kapitalistischen Vereinigten Staaten wie in der kommunistischen Sowjetunion, Schwangerschaftsabbruch während der ersten drei Monate nicht mehr von Strafen bedroht wird. Und sie fragen: Erheben die Deutschen wieder einmal Anspruch auf eine höhere Sittlichkeit?

2 Ein Querschnitt durch die „Weltmeinung" der Gynäkologen ergibt: Das physische Risiko eines Schwangerschaftsabbruches ist, wenn er rechtzeitig und kompetent durchgeführt wird, eher geringer einzuschätzen als das einer Geburt. Über das psychische Risiko gibt es schlechterdings keine zuverlässigen statistischen Daten; es kann sie auch nicht geben, da

niemand die Grenze zu ziehen vermag, jenseits deren Reue oder sexuelle Indifferenz als „krankhaft" bezeichnet werden könnten.

3 Daß ein Embryo „lebt", ist unbestreitbar. Wo jedoch menschliches Eigenleben beginnt – in der Samenzelle, bei der Zellenverbindung, bei der Nidation[6], bei der Genen-Verschmelzung, im 4. Monat, im 6. Monat oder nach der Geburt – dazu gibt es keine objektiven, jedermann einleuchtenden Kriterien.

4 Die von manchen Ärzten beschworenen Gefahren des Schwangerschaftsabbruches sind zu einem gewiß nicht geringen Teil Folge der Gesetzgebung: Wo Ärzten der Eingriff verboten ist, wenden sich die Frauen hilfesuchend an Kurpfuscher[7] und Engelmacherinnen[8].

5 Futurologen weisen hin auf die „Erdbevölkerungs-Explosion" und warnen: bald werde nicht der Schwangerschaftsabbruch, sondern ungezügeltes Gebären unter Strafe gestellt werden müssen, wenn die Menschheit nicht Selbstmord begehen will.

6 Konsequente Sozialisten wissen und sagen seit langem: die deutsche Strafgesetzgebung trifft nur die Armen. Wer zwei- bis dreitausend Mark aufbringen kann für die Flugkarte nach London und die englischen Arzthonorare, für den ist die ganze Auseinandersetzung um den Paragraphen 218 reine Theorie. Wer Geld hat, braucht nicht zu gebären.

7 Das Elend, das ein unerwünscht geborenes Kind für ein lediges Mädchen oder für eine ohnehin schon überbeanspruchte Frau bedeuten kann, ist unermeßlich.

Pornographie

Pornographie heißt wörtlich, aus dem Griechischen übersetzt, „Huren[9]-Schreibe". Die über die Huren hinaus erweiterte Bedeutung, die das Wort in der aktuellen Diskussion hat, ist klar genug. Und die Frage heißt nun, ob Pornographie von einem Staat geduldet werden kann.

CONTRA

1 Diese Schweinereien wollen wir (Männer) von unseren Frauen und Kindern fernhalten.

2 Die Intimsphäre, das letzte Reservat der anderweitig bald nur noch als Datum für EDV-Maschinen[10] registrierten Persönlichkeit, sollte so stark wie möglich geschützt werden.

3 Pornographie ist unästhetisch, ist sexueller Kitsch – wo sie nicht Kunst ist.

4 Pornographie hat einen „Praxisbezug". Wer sich an Pornographischem freut, vergewaltigt auch (wenn er anders seine De Sade-Träume nicht verwirklichen kann).

5 Pornographie ist widernatürlich. Intimphotos verletzen die Würde des Menschen.

6 Pornographie ist doch nichts anderes als eine profitorientierte Industrie für gewissenlose Geschäftemacher.

7 Die „weiche" Pornographie der Cover-Girls mag, wenn es denn sein muß, noch angehn; aber „harte" Pornographie müßte auf jeden Fall verboten werden.

8 Rührenderweise werden heutzutage auch nackte Männer vorgeführt; das ändert nichts daran, daß Pornographie am Ende immer auf eine Ausbeutung der Frauen hinausläuft. Neun von zehn Objekten der Pornographie sind Frauen; neun von zehn Konsumenten der Pornographie sind Männer.

PRO

1 Warum sollte Menschliches uns fremd sein? Es gibt Schlimmeres als Pornographie (Brutalität, zum Beispiel).

2 Pornographie ist so unpersönlich, daß sie niemandes persönliche Intimsphäre verletzt. Wer sie nicht sehen will, schaue weg.

3 Nicht die Duldung der Pornographie, sondern das Verbot der Pornographie wäre ein Eingriff des Staates in die Intimsphäre.

4 Der „Kunstvorbehalt" wurde ein für allemal ausführlich widerlegt in Ludwig Marcuses Buch über „Das Obszöne". Warum denn sollte sexuelle Aufreizung strafbar sein – so der Trend seiner Argumente –, wenn sie dilettantisch betrieben wird, und straffrei bleiben, wenn sie kunstvoll, also wahrscheinlich viel effektiver ist?

5   Unerfüllbare Lustbedürfnisse werden erfüllt durch Pornographie. Abbildung und Beschreibung von Sexuellem reizen
nicht so sehr auf, sondern dienen vielmehr als Ersatzbefriedi-
gung.
6   Pornographie bricht Tabus und weist die Menschen zurück
auf ihre wahre Natur.

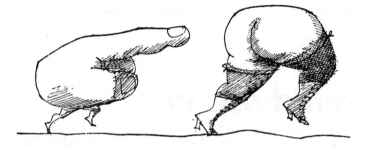

7   Gewiß ist Pornographie zur Industrie geworden, wie alles
heutzutage. Aber es ist eine Industrie, die die Umwelt nicht
verschmutzt, die viele amüsiert, manchen wohl auch hilft –
und niemandem schadet.
8   Die Unterscheidung von ,,weicher" und ,,harter" Pornographie ist rein theoretisch. Alle praktischen Versuche der Grenz-
ziehung müssen mißlingen.

SPRACHE UND LITERATUR

Fremdwörter

Gerd Köster schreibt aus Osnabrück: „Nicht geehrte Redakteure und Redakteurinnen! Es handelt sich um den schon oft kritisierten, uferlosen und unbegründeten Gebrauch von Fremdwörtern. Ich meine, die Aufgabe einer Zeitung müsse darin bestehen, Information und Bildung auch den sozial und bildungsmäßig tieferen Stufen der Bevölkerung zuzuleiten. Wenn ein 19jähriger, nicht gerade dummer Abiturient weite Teile Ihrer Zeitung nicht versteht, wie soll dann ein Lehrling oder Arbeiter sie verstehen können? Damit spreche ich Ihrer Zeitung ein gewisses Niveau nicht ab, aber merke: Fremdwörter sind nicht verantwortlich für das Niveau einer Zeitung."

Der Einwand ist den Redakteuren und Mitarbeitern der *Zeit* bekannt. Ein Grund mehr, ihn einmal dem Test des Pro und Contra zu unterwerfen.

CONTRA

1 Fremdwörter sind überflüssig. Wo eine Sprachgemeinschaft neuer Wörter wirklich bedarf (etwa für neue Dinge), schafft sie sich diese Wörter.

2 Der Gebrauch von Fremdwörtern ist Eitelkeit und Koketterie vieler Redner und Schreiber, ist Mode, Angabe,[1] elitäres Gehabe – ein *lunch(eon)* soll etwas Besseres oder Anspruchsvolleres sein als ein Mittagessen.

3 Mit jedem Fremdwort, das einer verwendet, schließt er

einen Teil derjenigen, denen er sich verständlich machen sollte, auf hochmütige Weise vom Verstehen aus.

4 Ein Reichtum von Fremdwörtern kann trefflich dazu dienen, eine Armut an Gedanken zu verbergen.

5 Die Mischung von Wörtern verschiedener Herkunft und oft fragwürdiger Aussprache verbindet sich zu nicht nur schwer verständlichen, sondern auch stilbrechend unschönen Gebilden – so wie ein Nierentisch[2] mit Empirestühlen, türkischem Teppich und Popbildern.

6 Das Eindringen von Fremdwörtern führt zu einer Verarmung des Deutschen.

PRO

1 Sprachgemeinschaften sind heute weniger noch als früher abgeschlossen gegen die übrige Welt. Wollen wir denn wirklich Whisky, Aquavit und Wodka, Dinge also, die aus der „übrigen Welt" zu uns gekommen sind, als „Wasser des Lebens" oder, wie es Karl-May[3]-Leser kennen, als „Feuerwasser" bezeichnen?

Das wäre freilich eine sprachgerechte Eindeutschung.

2 Man kann sich auch auf deutsch für andere so gut wie unverständlich ausdrücken – wie zum Beispiel manche Soziologenverlautbarungen lehren, die manchmal sogar für „die Arbeiterklasse" bestimmt sein sollen.

3 Viele Wörter, die heute ganz verständlich und scheinbar deutsch klingen, waren einmal Fremdwörter – von „Fenster" bis „Kaffee".

4 Je weniger die Gültigkeit eines Begriffes sich auf Sprachgemeinschaften beschränken läßt, desto eher tritt das internationale Wort an die Stelle des nationalen: Das gilt im Tourismus (Hotel, Jet, Tip) wie vor allem in der Wissenschaft (Geologie, Korrelation, asynchron). Wenn das eine Erschwerung der Verständigung unter Deutschen bedeutet, dann bedeutet es eine Erleichterung der Verständigung unter Menschen verschiedener Sprache. Eine Vielzahl international gebrauchter Wörter könnte gesehen werden als höchst wünschenswerter erster Ansatz zu einer internationalen Sprache.

5 Für viele Fremdwörter vor allem dieser mit dem vierten Pro-Argument gemeinten Art gibt es keine deutsche Entsprechung. „*Participation*" ist eben die in Frankreich diskutierte Art der „Mitbestimmung", die sich von der deutschen wesentlich unterscheidet.

6 Gerechtfertigt erscheint aus solchen Gründen der Gebrauch von Fremdwörtern auch in Berichten über fremde Länder, und sei es nur zur Vermittlung von Lokalkolorit: Eine „*Datscha*" ist weder ein „Bungalow" noch ein „Wochenendhaus".

7 Der Gebrauch von Fremdwörtern kann zu einem persönlichen Stil gehören, kann ein Stilmittel sein.

Bestseller

Das *Oxford English Dictionary* weiß nichts von dem angeblich englischen Wort, nimmt es nicht zur Kenntnis, verzeichnet zwar einen „*best-wisher*", aber keinen „*best-seller*". Das Wort wurde in Amerika und während der letzten zwanzig Jahre vor allem auch in Deutschland groß, zusammen mit der Sache. Seit es „Bestseller" gibt, sind sie umstritten.

CONTRA

1 Es sind selten wirklich gute Bücher, die Bestseller werden.
2 Durch die Massenmedien, vor allem durch die von Zeitungen und Zeitschriften veröffentlichten Bestseller-Listen werden ohnehin erfolgreiche Bücher erst so richtig erfolgreich. Diese Bestseller-Listen müßten abgeschafft werden.
3 Es bedeutet eine Verarmung des Buchmarktes, wenn alles Interesse und der größere Teil des Kapitals sich auf wenige Titel konzentriert.
4 Die Jagd nach dem Bestseller beschleunigt das Tempo des literarischen Modekarussells. Sechs Monate nach ihrer Veröffentlichung sind Bücher schon der Schnee vom vergangenen Jahr.
5 Ein Verleger tut neun seiner Autoren Unrecht, wenn er seine ganze Kraft, vor allem auch in der Werbung, für den zehnten einsetzt.
6 Es ist sehr deprimierend für Autoren, Monate, oft Jahre lang zu arbeiten und dann zu sehen, wie von dem Buch nur 3000 Stück verkauft werden (was für den Autor im Durchschnitt 6000 Mark Honorar bedeutet, bei Taschenbüchern viel weniger).
7 Der Bestseller ist ein machbares Produkt der Unterhaltungsindustrie und hat mit Literatur nichts mehr zu tun.

PRO

1 Es sind selten wirklich schlechte Bücher, die Bestseller werden.
2 Der Erfolg eines Buches ist eine Nachricht, die von den Zeitungen ihren Lesern nicht vorenthalten werden kann.
3 Der Buchmarkt wird für Laien erst überschaubar, für die Werbung nur dadurch darstellbar, daß Akzente gesetzt werden.
4 Es gibt auch „Long-Seller", die keineswegs nach sechs Monaten Makulatur[4] werden – und zwar nicht nur Logarithmentafeln und Handbücher der Metallverarbeitung, sondern

67

auch die großen Romane vom *Zauberberg* bis zur *Blechtrommel*[5]. Freilich gehen viele Bücher unter, nachdem sie ein Jahr lang auf dem Markt waren. Das ist der Preis, der dafür gezahlt werden muß, daß neue Bücher erscheinen können. Sonst wäre die Akkumulation bald nicht mehr zu bewältigen.

5 Nur wenn er mitspielt im Bestseller-Geschäft, kann ein Verlag heute überleben. Nur dadurch, daß der zehnte sich gut verkauft, kann der Verlag die anderen neun Autoren überhaupt drucken.

6 Die Möglichkeit, einen Bestseller zu schreiben, ist für viele Autoren sehr belebend – wie Lotto oder Toto. Denn ob von einem Buch 2 000 oder 8 000 verkauft werden, macht keinen so großen Unterschied. Nur der Bestseller kann dem Autor den typischen Autoren-Wunsch erfüllen: zwei Jahre lang ohne finanzielle Sorgen leben und sein nächstes Buch in Ruhe schreiben zu können.

7 So oft es auch behauptet wird, daß man Bestseller fabrizieren kann – etwa: man nehme Sex und Nostalgie, man schreibe blumigen Boulevard-Stil, man stecke eine Million in die Werbung – so erwiesenermaßen unwahr bleibt es. Natürlich gibt es Themen (und Autoren), die „gehen". Gewiß hilft Werbung viel, aber, wie jeder Fachmann weiß, nur dann, wenn das Produkt bestehende Bedürfnisse befriedigt. Wenn Bestseller sich fabrizieren ließen, würden wir das doch alle tun.

Klassiker

Wir wollen hier nicht nach deutscher Historikerart zurückgehen auf römische Steuerklassen oder dergleichen, sondern nur fragen, was eigentlich dafür und was dagegen spricht, in der Literatur das Erbe etwa Shakespeares, in der Malerei das Erbe etwa Rembrandts, in der Musik das Erbe etwa Mozarts zu pflegen und weiterzugeben an die, die nach uns kommen.

CONTRA

1 Jede Minute, die einem klassischen Künstler gewidmet wird, geht auf Kosten eines lebenden Künstlers.

2 Die Klassiker wußten gar nichts davon, daß sie „Klassiker" waren. Sie hatten ihre Sorgen – wir haben ganz andere.

3 Eine Gesellschaft, die klassisches Erbe pflegt, benutzt es als Alibi für ihre eigene Unfruchtbarkeit.

4 Mit der Pflege der Klassik gerät die Kunst aus den Händen der Autoren in die der Experten und Interpreten: des Regisseurs, der ein Shakespeare-Stück wahnsinnig originell inszeniert; des Museumsdirektors, der Rembrandt in einem ganz anderen Licht zeigt; des Dirigenten, der aus Mozarts vier Vierteln acht Achtel oder zwei Halbe macht.

5 Pflege der Klassik ist retrospektiv, Kunst aber will und soll progressiv sein (daher eben jene „progressiven" Interpretationen der Klassik). Sie will nicht zurückführen, sondern weiterführen.

6 Was Dürer, Goethe, Wagner schon gemacht haben, können wir nicht besser machen. Wir können auch von ihrer Vollendung nicht lernen: weil das Produkt des Lernprozesses im besten Falle ein Plagiat, im schlimmsten eine Travestie wird.

7 Klassiker sind wie ein Museum: ganz nett, wenn man sonntags mal gar nichts Besseres zu tun hat – aber ziemlich irrelevant innerhalb jener Welt, die uns wirklich interessiert.

PRO

1 Von allem, was heute geschrieben, gezeichnet, komponiert wird, bleibt ein Hundertstel hundert Jahre, ein Tausendstel tausend Jahre. Irgend etwas muß schon dran sein an dem, was geblieben ist ... hundert Jahre ... tausend Jahre. Etwas, woraus sich wohl doch lernen läßt.

2 Die Bedürfnisse wechseln wie die Moden. Aber es gibt da, offenbar, zwischen Entstehen und Vergehen, einen harten Kern, der solchem Wechselspiel nicht unterworfen ist. Er kann nirgendwo so wie bei denen studiert werden, die den Wechsel der Bedürfnisse und der Moden überstanden haben: bei den Klassikern.

3 Die einzige Art von Unsterblichkeit, die der Mensch mit einiger Gewißheit erreichen kann, liegt in der Bewahrung dessen, was sonst verginge.

4 An einem Nullpunkt anfangen – das ist eine romantische Utopie. Wir alle leben aus Vergangenem. Das ist evident. Pflege klassischen Erbes bedeutet: es bewußt machen. Es gibt kein Geschichtsbewußtsein ohne Anerkennung jener Leistungen, die Maßstäbe gesetzt haben und die wir in der Kunst „klassisch" nennen.

5 Zur Dialektik des Lebens gehört – was die jüngeren Dialektiker zuweilen vergessen – nicht nur das Verändern, sondern auch das Bewahren. Veränderung um der Veränderung willen führt nicht zu Fortschritt, sondern zu Chaos.

6 Nur wer das Alte kennt, kann etwas Neues machen (wie wüßte er sonst, daß es neu ist).

7 Das Moment des Feiertäglichen gehört zur Kunst, nicht nur zur klassischen. Ans Fließband läßt sich Kunst so wenig bringen wie in die Aufsichtsratssitzung. Der „gesellschaftliche Bezug"[6], der heute gern und mit Recht von der Kunst gefordert wird, kann kein Plädoyer für eine Alltagskunst sein. Im kommunistischen deutschen Staat (man sehe sich Weimar[7] an) wird das klassische Erbe in geradezu rührender Weise gepflegt.

Literaturkritik

Jene Art von „Buchbesprechung" oder „Rezension", wie sie die Feuilletons der Zeitungen und Zeitschriften und die Kultursendungen des Rundfunks füllt, liegt zwischen Buchbeschreibungen, Buchanzeigen, Klappentexten[8] auf der einen, Literaturgeschichte und Literaturwissenschaft auf der anderen Seite.

PRO

1 Jedes Buch ist, unter anderem, auch eine Ware, es wird verkauft und gekauft; es muß daher Leute geben, die uns sagen können, ob die jeweilige Ware gut ist oder schlecht.
2 Die Literaturkritik ist unentbehrlich für jenes Milieu des Literaturbetriebs, in dem und von dem Literatur lebt.
3 Was sollten die Zeitungen sonst neben die Verlagsanzeigen drucken?
4 Literaturkritik ist aktuelle Literaturgeschichte, eine höchst willkommene Vorarbeit für künftige Literaturhistoriker.
5 Literaturkritik hält der Literatur, die sich sonst selber gar nicht reflektieren könnte, einen Spiegel vor.
6 Alle Verleger und alle Autoren wollen, daß ihre Bücher besprochen werden. Legendäres Zitat eines legendären Verlegers: Ein großer Verriß ist mir lieber als ein kleines Lob.
7 Gute Literaturkritik ist selber Literatur.

CONTRA

1 Heute werden in Deutschland diejenigen Leute Kritiker, bei denen es zu eigenen Produktionen nicht ganz reicht. Lessing, Goethe, Schiller, Schlegel waren Dichter und Kritiker zugleich; Grass, Johnson, Walser, Handke sind aus guten Gründen als Kritiker kaum hervorgetreten.
2 Beinahe unerträgliche Anmaßung wird gefordert von einem Kritiker, der den Stab brechen will oder soll über ein Buch, mit dem er sich drei Tage beschäftigt hat – während der Autor drei Jahre brauchte, dieses Buch zu schreiben.
3 Im heutigen Literaturbetrieb, von der Buchmesse bis zum PEN-Kongreß,[9] werden Schriftsteller und Kritiker, „Literaten"

beide, dauernd durcheinandergewirbelt – was zu Modellen führt wie: er schreibt die Bücher, sie schreibt die Kritiken dazu (oder umgekehrt).

4 Auch manchen an ihre Unfehlbarkeit unerschütterlich glaubenden Literaturpäpsten wird unheilig zumute, wenn sie sich klar machen, daß sie zu Vermögensverteilern avanciert werden; denn das Wort eines bekannten Kritikers kann ein Buch wohl nicht machen, aber manchmal killen.

5 „Verrisse" sind so viel leichter interessant zu schreiben und fördern das „Image" des Kritikers als eines mutigen Menschen so viel mehr.

6 Innerhalb welchen Bezugsrahmens eigentlich läßt sich ein Buch für sich selber beurteilen? Geht es dann nicht doch am Ende immer wieder nach einer Variante unglückseliger Aufsatzthemen: Was hat Schiller hier gewollt – und hat er es erreicht?

7 Literatur und ihre Kritiker sind Zwängen unterworfen, von denen in den Kritiken nichts gesagt wird.

Theater-Subventionen

Zu jeder Karte, die jemand an der Kasse eines deutschen Theaters löst, ob er nun 5 Mark dafür bezahlt oder 25, zahlt der Steuerzahler noch einmal 30 Mark dazu. Unser Theater wird zu etwa 80 Prozent aus öffentlichen Mitteln finanziert. Diese Subventionen haben längst eine halbe Milliarde im Jahr überschritten und steigen rapide auf die volle Milliarde zu. Die Frage drängt sich auf: Können und sollten wir uns diese Theatersubventionen weiterhin leisten?

CONTRA

1 Theater ist ein Vergnügen für wenige. Warum sollten die vielen anderen Steuerzahler dieses Vergnügen subventionieren?
2 In Hamburg, zum Beispiel, wird dringend eine neue Chirurgische Klinik gebraucht. Das Geld dafür wäre da, wenn die Stadt alle Theatersubventionen für ein Jahr striche.
3 Viele Stückeschreiber, Regisseure und Schauspieler sehen heute einen Auftrag darin, zur Beseitigung der etablierten Kräfte in Staat und Gesellschaft, zu Strukturveränderungen oder gar zur Revolution beizutragen. Finanziert der Staat da seine eigene Zerstörung?
4 Für Film und Bildende Kunst[10] wird weniger, für Literatur so gut wie nichts getan. Was ist eigentlich die derart überragende Bedeutung des Theaters, daß es von den Gesamtkulturetats im Durchschnitt die Hälfte für sich beanspruchen dürfte?
5 Wo Theater ein wirkliches Bedürfnis befriedigt, da trägt es sich auch – wie an Beispielen aus Paris, London, New York und Tokyo zu belegen wäre.
6 Dem britischen „Arts Council" steht für die Subvention aller englischen Bühnen etwa so viel Geld zur Verfügung, wie bei uns allein das Berliner Schillertheater braucht. Darum wird in England doch gewiß nicht schlechter Theater gespielt als in Deutschland.

PRO

1 „Kunst" war immer eine Sache der wenigen. Nach modernem Demokratieverständnis soll sie den vielen als eine Möglich-

keit, die Welt zu verstehen, angeboten werden. Das müssen wir alle finanzieren.

2 Anspruchsvolles Theater kann aus Kassenerlösen nicht finanziert werden. Das ist in anderen Ländern, auch in kommunistischen, nicht anders. Gewiß gibt es Theaterunternehmen, die sich selber tragen, aber die sind auch danach.

3 Alle Welt beneidet uns um unsere Theater – sollten wir sie einstellen um einer Ersparnis von einem Promille des Bruttosozialprodukts[11] willen, von der niemand behaupten kann, daß sie einen öffentlichen Haushalt entlaste?

4 Film und Fernsehen ausspielen gegen das Theater, wäre ganz abwegig: Die Schauspieler, mit und von denen auch Film und Fernsehen leben, werden normalerweise am Theater ausgebildet.

5 Theatersubventionen auf wenige große Bühnen zu beschränken, wäre ungerecht und impraktikabel: Warum sollten die Theaterbedürfnisse eines Kleinstädters weniger befriedigt werden als die eines Großstädters? Und wo käme der Nachwuchs für die „großen" Bühnen her, wenn es nicht auch „kleine" Bühnen gäbe?

6 Die Definition, wonach das Theater dem Vergnügen einiger weniger diene, ist viel zu eng. Die höchsten Theater-Subventionen sind, genauer ausgedrückt, Opern-Subventionen. Deutlicher noch als das Theater bereitet zwar auch die Oper einigen

wenigen Vergnügen; ihre wichtigste Aufgabe jedoch ist eine Art geistiger Bewirtung für Besucher. Städte repräsentieren sich gern mit ihren Theatern, vor allem mit der Oper. Und schließlich lebt dort etwas weiter, von dem heute nur wenige zu wissen scheinen, wozu es gut ist, das umzubringen jedoch keiner gern verantworten will – man nenne es nun musischen Geist oder kulturelle Tradition.

Diese Argumente

Seit Erfindung dieser Kolumne in der *Zeit* hat es keinen Mangel gegeben an Argumenten gegen die „Argumente"; an freundlichem Zuspruch und vielen Themenvorschlägen hat es auch nicht gefehlt.

Wiederholt wurde angeregt, auch die Kolumne selber dem Test des „Pro" und „Contra" zu unterwerfen. Das tue ich besonders gern, da ich endlich einmal aus dem vollen schöpfen kann. Am Anfang war es ja immer so, daß ich mir die Pro- und die Contra-Argumente, oft mühsam, zusammensuchen und „zusammentelephonieren" mußte. Jetzt konnte ich Pro- und Contra-Stimmen aus den 387 Leserbriefen, die nicht einzelnen Themen, sondern der ganzen Veranstaltung als solcher galten, zusammenstellen. Dabei ergibt sich folgendes:

CONTRA

1 Es gehört eine Menge Skrupellosigkeit oder Oberflächlichkeit oder Dummheit dazu zu meinen, kontroverse Themen ließen sich in ein paar kurzen Sätzen „dafür" oder „dagegen" erledigen.
2 Wer meint, über alle Themen, von „Literaturkritik" bis Fußball, etwas zu sagen zu haben, der hat nichts zu sagen.
3 ... aber über „Ehe und Familie" darf es doch gar kein Argument dagegen ... aber über „Alkohol" darf es doch gar kein Argument dafür geben (und wie beschränkt muß jemand sein, der „unsere Klassengesellschaft" rationalen Argu-

menten unterwerfen zu dürfen glaubt).

4 Diese Argumente leiden darunter, daß der gleiche Autor sowohl dafür wie dagegen schreibt. Wenn der Verfasser für eine Sache ist, formuliert er die Pro-Argumente besonders stark und die Contra-Argumente besonders schwach.

5 Durch die Aufgliederung der Argumente in Pro und Contra wird eine Objektivität vorgetäuscht, die nicht wirklich vorhanden ist.

6 Die Form leidet unter dem Zwang der allwöchentlichen Produktion, so daß, wenn es kein Thema gibt, ein Thema an den Haaren herbeigezogen werden muß.

7 Manche Themen sind zu wichtig, um in dieser Form abgehandelt werden zu können.

PRO

1 Ich habe nie gemeint, die Themen ließen sich dadurch „erledigen". Es sollte versucht werden zu erproben, wie weit Argumente reichen.

2 Als Journalist lernt man, daß es nicht darauf ankommt, alles selber zu wissen – sondern: die Telephonnummern von Leuten zu kennen, die das eine oder andere genau wissen. Manches kann man auch in klugen Büchern nachschlagen.

3 Gerade das war natürlich ein Sinn der „Argumente": diejenigen zu provozieren, die da glauben, es gäbe schlechterdings nichts, was gegen ihre eigenen Überzeugungen spricht. Liberale halten es da lieber mit Voltaire: „Wer lange genug gelebt hat, hat alles schon erlebt – und auch das Gegenteil von allem".

4 Hier nun vielleicht noch einmal sollte die Spielregel in Erinnerung gerufen werden: Die einzelnen Argumente pro und contra sind Zitate, bei denen der Autor nur die Formulierung übernommen hat.

5 In der persönlichen Conclusio wurde darauf hingewiesen: daß nur ja keiner glauben sollte, er sei frei von Vorurteilen – der Autor der „Argumente" eingeschlossen. Dennoch müßte es möglich sein, die Meinungen anderer (pro oder contra) vorurteilsfrei wiederzugeben. Darauf kam es an.

6 An Themen hat es nie gefehlt. Dafür haben schon die Kollegen und die Leser gesorgt. In der hier vorliegenden Form

kann von „Produktionszwang" überhaupt keine Rede mehr sein. Die Reaktionen vor allem von einer Million *Zeit*-Lesern und deren zusätzliche Argumente konnten noch einbezogen werden.

7 Das 7. Contra-Argument beschäftigt mich am meisten. Gewiß kann die Reduktion von Themen, über die ganze Bibliotheken geschrieben worden sind, auf ein paar Argumente dafür und dagegen nicht ganz seriös wirken. Das Ganze spielt, anders als das Leben, in einem Raum heiterer Vernunft. Es hat dadurch auch den Charakter eines Spiels. Dabei ist zu hoffen, daß Paul Floras Zeichnungen das ausreichend deutlich machen.

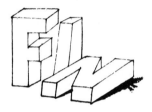

CONCLUSIONES

REISE UND VERKEHR

Autofahren

Da ich mir genau wie jeder andere nicht exklusiv sonntägliche Autofahrer einbilde, ein guter Autofahrer zu sein, würde ich in einen Sommerurlaub zu nahem Ziel, etwa von Hamburg nach Sylt[1], immer mit dem Auto fahren – solange die Sylter dumm genug sind, Autos auf ihrer Insel willkommen zu heißen. Beim Winterurlaub würde ich das Auto viel lieber zu Hause stehenlassen oder allenfalls im Zug mitnehmen. Dazu und darüber hinaus stimmt freilich: Wer das Auto zu Hause läßt, läßt einen Teil des Ärgers zu Hause, den ihm so ein Auto immer wieder einmal macht. Bei Urlaubszielen, die nicht weiter als 1000 Kilometer entfernt sind, würde ich mit Familie und viel Gepäck trotzdem das Auto bevorzugen. Aber sonst führe ich lieber mit der Bundesbahn.

Die Bahn

Fahr lieber mit der Bundesbahn! Dieser Werbe-Slogan war nicht zuletzt deswegen so erfolgreich, weil er ein gut Teil Wahrheit enthält. Mein Freund Jupp pflegte zu sagen: wenn die Eisenbahn später als das Auto erfunden worden wäre, hätten alle Autofahrer diesen Fortschritt der Technik freudig begrüßt und wären auf längeren Strecken nur noch mit der Bahn gefahren. Ich liebe die Bundesbahn, solange es von Großstadt zu Großstadt geht in jenem rentablen Netz, wo sie sich Mühe gibt. Wer – zum Beispiel – in einem Schlafwagen auch schlafen kann und dann dennoch von Hamburg nach München fliegt oder mit dem Auto fährt statt mit dem Nachtschnellzug, hat selber schuld.

Das Fliegen

Natürlich ist Fliegen nicht besonders gefährlich. Ehe das Entführen und Attackieren von Flugzeugen eine Methode internationalen Terrors wurde, war es sogar besonders gefahrlos. In der Maschine einer etablierten Luftfahrtlinie oder Chartergesellschaft sind die meisten von uns sicherer als im eigenen Auto. Die übrigen Contra-Argumente jedoch sind so leicht nicht von der Hand zu weisen. Ich würde in einen Urlaub nur fliegen, wenn mein Urlaubsziel weiter als 2000 Kilometer entfernt oder mit anderen Verkehrsmitteln besonders schwer zu erreichen wäre. Oder natürlich, wenn ich mich für eine Reisegesellschaft entschieden habe, die ihre eigenen Gründe haben mag, Flugzeugtransport vorzuziehen. Irgendwann freilich sollte jeder auch einmal geflogen sein, trotz allem, was dagegen sprechen mag. Es ist schon „was Besonderes", jedenfalls beim ersten und bis zum fünften Mal.

Reisen zu Schiff

Es läuft doch wohl darauf hinaus: für den „Normal-Urlauber" sind Schiffe als Transportmittel kaum geeignet – selbst auf der Strecke von Norddeutschland nach England, zum Beispiel, wo so viel dafür spricht, spricht mehr dagegen (ich hab das ein paar Mal ausprobiert). Eine Schiffsreise in den Urlaub empfiehlt sich normalerweise eigentlich nur in zwei Fällen: erstens immer dann, wenn die Schiffsreise selber der Urlaub ist (was nur solche Passagiere ganz genießen können, die nicht so leicht seekrank werden); zweitens dann, wenn der Urlauber sehr viel Zeit hat. Persönlicher und dadurch deutlicher könnte ich es so sagen: Wenn ich einmal „pensioniert" bin und dann noch reisen will, reise ich nur noch mit dem Schiff.

Motorradfahren

Ich fahre sehr gern Motorrad. Es ist wahrhaftig ein Sport; nicht ungefährlich, aber lustig. Für eine Urlaubsreise jedoch kann ich das Motorrad nur Masochisten empfehlen. Es vereint in sich die Nachteile des Autos (überleben müssen im Verkehrsgetümmel) mit denen des Fahrrads (auf zwei Rädern jeder Unbill[2] ausgesetzt sein), ohne an deren Vorteilen entscheidend zu partizipieren.

SCHULE UND UNIVERSITÄT

Hausaufgaben

Mir leuchten die Contra-Argumente mehr ein. Nur das dritte der Pro-Argumente wiegt schwer. Was Kinder in ihrer Freizeit lernen, das sollen sie freiwillig lernen. Die Schulzeit hat sich nicht nach dem Lernpensum, sondern das Lernpensum hat sich nach der Schulzeit zu richten. Auch selbständiges Arbeiten kann in der Schule geübt werden. Andererseits müssen, vor allem in den Oberklassen, längere Texte, mit denen nicht kostbare Schulzeit verschwendet werden kann, zu Hause gelesen werden. Auch stures Auswendiglernen ist als Gedächtnistraining schwer zu ersetzen; es darf nur nicht übertrieben werden. Am 20. Juni 1973 hat die Hamburger Schulbehörde einstimmig „Richtlinien für das Erteilen von Hausaufgaben in den Klassen 1–10" beschlossen, wonach Hausaufgaben von höchstens einer halben Stunde (in Klasse 2) bis zu höchstens zwei Stunden (in den Klassen 7–10) in Anspruch nehmen dürfen. Außerdem werden besonders stumpfsinnige Hausaufgaben wie Abschreiben von Texten, „Strafarbeiten" untersagt. Mir erscheint das als ein akzeptabler Kompromiß, solange wir noch keine Ganztagsschulen haben, die die Hausarbeiten überflüssig machen.

Mündliche Prüfungen

Ich mache mir die Contra-Argumente zu eigen. Ich habe mündliche Prüfungen immer als ungerecht, töricht, erniedrigend empfunden. Gewiß gibt es Prüfungen, bei denen es darauf ankommt, den Kandidaten persönlich kennenzulernen. Daß dafür das Abfragen von Wissensstoff die besten Möglichkeiten ergibt, bezweifle ich. Aber wahr ist freilich Pro-Argument Nummer 4. Ich jedenfalls habe mich im sogenannten Leben oft ähnlichen Situationen gegenübergefunden wie in mündlichen Prüfungen – und sie ganz genauso verwünscht.

Numerus clausus

Ich bin natürlich gegen den Numerus clausus, und ich bin daher ein bißchen erschrocken, wie viele gute Argumente es doch auch dafür gibt. Ich sehe dennoch keines, das uns zwänge, den Numerus clausus im Prinzip gutzuheißen. Er ist nur als Notwehrmaßnahme von Fall zu Fall berechtigt. Im übrigen könnte (und sollte) er schleunigst entgiftet werden dadurch, daß man:

a) einen Ausgleich zwischen den Ländern derart schafft, daß die Ausbildung von Nicht-„Landeskindern" durch Bundeszuschüsse abgedeckt wird;

b) nicht Pharmazeuten und Zahnärzte am Studium hindert (von denen wir offenbar schon jetzt zu wenig haben), sondern Soziologen, Politologen, Psychologen und Publizisten zum Beispiel;

c) geeignetere Zulassungskriterien entwickelt als die von Land zu Land, von Schule zu Schule verschieden zu bewertenden Abiturnoten;

d) schnell damit aufhört, beinahe jede Menge „Geisteswissenschaftler" zuzulassen (weil die notfalls auch ohne teure „Arbeitsplätze" auskommen) und mit Hilfe des Numerus clausus ausgerechnet die Naturwissenschaften (einschließlich der Medizin) kurzzuhalten.

Sehr viel mehr als die etwa siebzig Hochschulen, die wir in Westdeutschland jetzt haben, kann diese Gesellschaft nicht finanzieren. Damit hätten wir Jahr für Jahr achtzigtausend Studienplätze frei, wenn die Studienzeit sich auf vier Jahre (statt fünf bis sechs) im Durchschnitt reduzieren ließe. In Oxford und Cambridge beträgt sie drei Jahre. Ganz ohne Numerus clausus kämen wir auch dann nicht aus (weil ja auch dann noch immer zu viele nach München oder nach Hamburg wollten) – aber dieser Numerus clausus wäre vertretbar als Notwehr, die denjenigen, der ein Studium, einen Beruf wirklich will, zwar bremsen kann, aber nicht abwürgen.

Studentengehalt

Ich habe mich bemüht, alle Argumente unvoreingenommen zu wägen. Ergebnis: Ich bin auch heute, wie vor Jahren schon, für ein „Studenten-Gehalt". Der finanzielle Aufwand dafür ist geringer, als er erscheint. Die Rückzahlung, die bei manchen Stipendien gefordert wird, könnte pauschal erfolgen durch Abbau einiger akademischer Privilegien (wie zum Beispiel höherer Bezahlung nur auf Grund eines abgeschlossenen Studiums, in vielen Berufen). Das Verfahren wäre gerechter als das derzeit praktizierte – unsere paar Millionäre mit studierenden Kindern fallen da nicht ins Gewicht. Zu überlegen – besser: auszurechnen – bliebe, ob das „Studenten-Gehalt" nicht am sinnvollsten (und für die Gesellschaft am billigsten) so angelegt werden könnte, daß die Studenten in dafür auszubauenden Heimen frei wohnen, frei essen, frei studieren und überhaupt frei leben können. – In fünfzig Jahren wird das selbstverständlich sein. Warum fängt die sozial-liberale Regierung nicht jetzt damit an?

SPIEL UND SPASS

Olympische Spiele

Nichts ist so sehr mein Argument wie dieses achte Pro-Argument. Keine Gesellschaft kann auf Leistung verzichten. Jede Leistung wird angefochten durch eine konkurrierende Leistung. In die Konkurrenz fließen Aggressionstriebe mit ein. Aber: Im Sport gibt es für jedermann verständliche Regeln, mit deren Hilfe Aggressionstriebe kanalisiert werden können. Ich kenne kein anderes Gebiet, wo konkurrierende Aggressionstriebe so wenig Leid (es gibt kaum Tote) und so viel Glück (der Siegreichen wie der Zuschauer und der sich Identifizierenden) zur Folge haben wie im Sport – auch im Hochleistungssport, der sich am Ende doch nicht abtrennen läßt von dem ganz allgemeinen Sport.

Fußball

Ich möchte der Welt viele Konfliktsituationen wünschen, die sich im Spiel lösen lassen; und das Fußballspiel ist offensichtlich so geeignet wie sonst kein anderes Spiel, Konfliktsituationen, mit denen jedermann sich identifizieren kann, für eine Weile zu lösen. Die Summe an Lust, die Fußball erzeugt, überwiegt offensichtlich die ihm zuzuschreibende Summe an Unlust. Und noch eins: Gelehrte Sozialpsychologen haben nachgewiesen, daß Fremdheit und Feindschaft abgebaut werden zwischen Leuten, die sich etwas zu erzählen haben. Nächst Kriegen und anderen Katastrophen bieten Fußballspiele den größten Welterzählstoff.[3]

Camping

Wenn ich noch einmal wieder sehr jung wäre, würde ich gewiß gern wieder zelten – am liebsten mit Freundin und Paddelboot bei einem Moselwinzer auf der Wiese.

Die überorganisierten Campingplätze neuester Bauart mit

Eisschränken und Telephon finde ich ziemlich schrecklich. Dann schlage ich lieber ein Zelt im Garten auf. Aber wer nun keinen Garten hat und dennoch eine große Familie? Dem wünsche ich viel Vergnügen beim Campen – solange es nicht alles auf Kosten der Frau oder der Freundin geht.

Zigarettenrauchen

Die Pro-Argumente, das kann kein Vernünftiger leugnen, wirken recht läppisch, wenn man sie mit den in der Tat schwer wiegenden Contra-Argumenten vergleicht. Und dennoch rauchen wir weiter: Süchtige, die nicht sehr überzeugend wirken können, wenn sie anderen Süchtigen ihre andere Sucht ausreden wollen. Warum es manchen von uns dennoch vor einer Welt der totalen Askese – und sei es auch nur Askese von allem Gesundheitsschädlichen – graut, ist offenbar mit Vernunftgründen nicht zu erklären.

Alkohol

So einfach ist das Leben eben nicht, daß es immer ganz ohne sogenannte Rauschmittel durchgestanden werden könnte. Schlimm sind die dran, die Alkohol mit schlechtem Gewissen kippen; und noch schlimmer die, die „das Gift" verschmähen und darüber giftig werden. Zu Tode säuft sich nur, wer ohnehin nicht zu retten ist. Das gibt es. Sozialtherapie mag es bessern, grundsätzlich ändern können wird sie es nie. Alkoholsüchtige sind bedauernswerte Kranke, denen man helfen muß. Man hilft ihnen nicht, indem man den Gesunden ihr bißchen Alkohol mies macht. Ich bin für ein bißchen Alkohol, lässig, selbstverständlich getrunken. Nur aus irgendeinem Krampf kommen die lebensfeindlichen Exzesse. Alle Exzesse sind lebensfeindlich. Zwei, drei Glas (Bier, Wein) oder Gläschen (Schnaps) schaden keinem mehr, als ihm das Leben ohnehin schadet.

DER EINZELNE UND DIE GESELLSCHAFT

Ehe und Familie

Es geht da sehr vieles durcheinander. Und sehr wenig davon ist rationalisierbar. Abzubauen wäre auf jeden Fall der Hochmut mancher Eheleute gegenüber anderen Formen der Partnerschaft. Unter den „großen Liebenden" dieser Welt von Zeus und Europa über Romeo und Julia bis zu Werther und Lotte[4] waren nur wenige miteinander verheiratet. Auch haben Spartaner und Engländer gelehrt, daß es in der Tat lohnende Alternativen zur Kindererziehung im Elternhaus gibt. Schließlich hat auch nicht jede(r) die Chance, sich bewußt für diese oder jene Form des Zusammenlebens zu entscheiden – oft sind die Weichen längst gestellt, ehe der Zug abfährt. All diese verschiedenen Formen der Erfüllung menschlichen Zusammenlebens ergeben ein derartig breites Spektrum von Möglichkeiten, daß ich zögere, von „Ausnahmen" zu sprechen. Dennoch meine ich, daß auch in Zukunft wie von alters her Keimzelle der Menschheit die Familie bleiben wird. Die ja sehr elastisch ist, sehr bereit, Konflikte auszutragen, Spannungen auszuhalten, sich anzupassen. Vielleicht ist das sogar ihre wichtigste Funktion: den beinahe unerträglichen Generationenkonflikt durch „Personalisierung" auszuhalten. Was freilich besser gelingt, wo Familien nicht zwei Generationen (oder gar nur eine) umfassen, sondern drei oder vier. Es schiene mir interessant, einmal zu untersuchen, wieviel Konflikte in den Familien heute besser ausgetragen werden könnten, wenn die Großmütter nicht abgeschoben, in Altersheime verbannt worden wären, wo sie sinn- und nutzlos vor sich hin vegetieren.

Weihnachten

Wer abwägt, macht es sich schwer. Es ist so leicht, sich auf die Seite derjenigen zu schlagen, die Weihnachten „einfach lächerlich" finden; oder auf die Seite derjenigen, die auf jeden

Zweifel am Sinn des Weihnachtsfestes mit Empörung antworten. Gute Gründe, am Sinn dieses Festes zu zweifeln, gibt es wahrhaftig genug. Aber keiner ist so gut, daß er trüge[5]. Niemand will am 25. Dezember gern in die Fabrik, ins Büro, in die Redaktion, in den Betrieb gehen (ein paar von uns müssen). Und die Kinder wollen, daß Weihnachten stattfindet. Sogar Jesus Superstar will es. Solange die Majorität derer, die viele und oft berechtigte Einwände gegen Weihnachten haben, der Minorität, die von allen Zweifeln ungetrübt an den Sinn des Festes glaubt, nichts entgegensetzen kann, was Weihnachten überflüssig machte, lohnt es sich festzuhalten an der alten Formel: Fröhliche Weihnachten und Friede auf Erden den Menschen, die guten Willens sind!

Frühaufstehen

Ich stehe gern früh auf, wenn ich früh ins Bett gegangen bin – also selten. Im Urlaub leiste ich mir, dem Contra-Argument 3 folgend, zuweilen den Luxus, früh aufzustehen, weil ich dann eine Welt entdecke, die ich sonst kaum kenne.

Hunde

Ich glaube, auch Hunde wollen leben – und haben ein Recht darauf. Menschen neigen dazu, sehr egoistisch sich allein für die Herren der Welt zu halten und Tiere nur noch für ihre Zwecke, zum Reiten etwa oder zum Fressen, zu dulden. Ich könnte mir vorstellen, daß die Welt aus dem biologischen Gleichgewicht geriete, wenn die Ausrottung der Tiere so weitergeht. In der Welt meiner Kindheit gab es noch Pferde und Kühe und Schafe und Ziegen und Hunde und Hühner und Katzen und Igel und Kaninchen und Hamster und viele, viele Vögel; man begegnete ihnen täglich. Welches Großstadtkind begegnet heute außerhalb der zoologischen Gärten noch einem Tier – außer allenfalls einem Wellensittich[6] oder eben einem Hund? Und nun sollten wir auch die Hunde noch abschaffen, weil sie manchmal ein bißchen lästig sind? Ich bin dagegen. Der den Noah warnte und ihn eine Arche bauen hieß, hatte sicher gute Gründe, als er nicht wollte, daß die Menschen allein überleben.

Großstadt

Wie (beinahe) jeder Großstädter habe ich mir schon oft vorgestellt, wie herrlich frei von Lärm, Schmutz, Beton, Hektik und
finanziellen Sorgen ich „auf dem Lande" leben könnte – auf
Sylt oder im Schwarzwald oder in Tirol mit Paul Flora oder
in der Provence oder in Cornwall. Wie die meisten Großstädter
habe ich die Erfahrung gemacht, daß das friedliche Landleben
sich als Stoff für Träume besser eignet als für waches Bewußtsein. Wäre Wien dann nicht doch besser als Tirol, Paris nicht
doch besser als die Provence, London nicht doch besser als
Cornwall? Ich weiß es nicht. Also muß ich mich nicht unnötig
darüber grämen, daß ich (wie wohl neun Zehntel von uns)
eigentlich gar keine freie Wahl habe. Ich bleibe in Hamburg.
Dabei trifft es sich glücklich, daß dies die deutsche Großstadt
ist, in der ich, von England her kommend, am liebsten lebe.
Andere möchten nur in München oder nur in Berlin, wohl
auch nur in Düsseldorf oder nur in Köln oder nur in Stuttgart
leben. In sehr vielen Fällen ist also „die Großstadt" gar nicht
wirklich die Alternative, sondern es schließt sich sofort die
Frage an: Von welcher Großstadt ist eigentlich die Rede?

Unsere Klassengesellschaft

Ich kann unsere Gesellschaft nicht als „Klassengesellschaft"
sehen, solange man nicht die vielen Interessengruppen alle
zu „Klassen" erhebt – wodurch der Begriff seinen ursprüng-
lichen Sinn verlöre. Die Stellung des einzelnen finde ich in
unserer Gesellschaft wie in den sozialistischen Gesellschaften
Europas bestimmt durch ein außerordentlich kompliziertes,
immer wieder wechselndes Kräftefeld[7], in dem vieles mitspielt:
Geburt und Familie, Physis und Psyche, Erbanlagen und Erziehung, Vermögen und Einkommen, Charakter und Talent,
Pflichten und Neigungen, Beruf und Partei, Nation und Re-
ligion, Funktion und Gesinnung, Prestige und Status. Es will
mir bei allem guten Willen zur Vereinfachung nicht gelingen,
dieses höchst komplizierte soziale Gebilde auf zwei Klassen
zu reduzieren.

POLITIK UND GESETZ

Wahlkampf

Die Berufung auf andere parlamentarische Demokratien
scheint mir unwiderlegbar: Wer freie Wahlen will, muß die
Kämpfe wollen, die ihnen vorausgehen. Aber man sollte aus
solchen internationalen Vergleichen nicht immer nur das her-
ausholen, was einem paßt. Die Finanzierung des Wahlkampfes
aus Steuergeldern kann sich nicht auf einen internationalen
Consensus stützen. Es gibt sie in anderen Ländern gar nicht
oder nicht in dem Ausmaße wie bei uns. Daß ein nicht mehr
aus Steuergeldern finanzierter Wahlkampf die „Partei der
Reichen" bevorzuge, scheint eine Konstruktion, die Nach-
prüfungen nicht standhält: weil die privaten Mittel heute, wo
es einige wenige kommunistische Millionäre gibt und sehr
viele konservative Rentner, nicht mehr so ungleichmäßig unter
den Wählern aufgeteilt sind; vor allem jedoch, weil Hunderte
von enthusiastischen Wahlhelfern mehr bringen als Tausende
von D-Mark oder Dollars.

Rassentrennung

Ich glaube, wer den Gedanken der Rassentrennung von vornherein ablehnt oder verketzert, macht es sich zu leicht. Vor
allem dann, wenn er die durchaus ja vorhandenen Verschieden-
heiten der Rassen und der durch sie repräsentierten Zivilisa-
tionen nie im Bereich des eigenen Lebens erfahren hat. Nicht
zu reden davon, daß im Weltbild des jüngeren Marxismus
Rassen eigentlich überhaupt keine Rolle spielen dürften,
solange man sie nicht auf eine Klassenformel bringen kann
(was in Südafrika und Nordamerika scheinbar leichtfällt –
aber in Israel?) Es ist wieder einmal alles viel komplizierter.
Vor weißem Hochmut freilich könnte ein Studium der chine-
sischen oder ägyptischen Kultur bewahren, die schon weit
entwickelt war zu einer Zeit, als unsere Vorfahren von ihren
Nachbarn noch mit Recht „Barbaren" genannt wurden.

91

Warum wohl, frage ich mich, mache ich mir die Contra-Argumente lieber zu eigen als die Pro-Argumente? Die Antwort: für einen Liberalen werden Schwarze und Weiße und Gelbe in die gleiche Welt geboren, für ihn sterben Gelbe und Weiße und Schwarze den gleichen Tod. Für ihn gibt es eine denkbare Instanz, vor der alle Menschen gleich sind. Und wenn die Formel „wir sind alle Gottes Kinder" davon etwas ausdrückt. dann ist er, dann bin ich bereit, sie zu akzeptieren.

Gewalt gegen Personen

Es mag auf den ersten Blick sonderbar genug aussehen, wenn jemand „Argumente für Gewalt gegen Personen" zusammenstellt. Ein zweiter Blick lehrt: unter den Pro-Argumenten finden sich manche, die die meisten von uns sich zu eigen machen. Daß Gewalt, wenn sie von Staaten (oder anderen Kollektiven) ausgeht, vertretbarer wäre als bei einzelnen Gewalttätern, kann politisch bewiesen werden – nicht moralisch. Gewalt muß gesehen werden als Bestandteil menschlichen Handelns von den Anfängen an, seit Kain und Abel. Der Fortschritt des Menschengeschlechts hätte darin zu bestehen, daß vorsätzliches Töten von Menschen ausgeschlossen wird aus der Spätgeschichte der Menschheit. Inder in der Nachfolge Ghandis haben sich darin versucht wie Europäer in der Nachfolge Jesu Christi – auf die Dauer mit spektakulärem Mißerfolg. Möglich ist nur ein allmählicher Abbau von Aggressionen, die auf Gewalt zielen. Auf die Todesstrafe haben wir verzichtet; das war ein großer Schritt. Auf Gewalt gegen Schwächere müßte verzichtet werden können. Es sieht nicht so aus, als ob die Menschheit seit den Tagen des Alten Testaments große Fortschritte gemacht hätte in der Kunst, ohne Gewalt zu leben.

Die Todesstrafe

Ich bin froh, in einem Lande zu leben, wo Liberale den günstigen Augenblick der Stunde null nutzen konnten, die Abschaffung der Todesstrafe ins Grundgesetz zu schreiben. Ich würde gern noch weitergehen, als die meisten meiner Landsleute mitzugehen bereit sind. Mancher Schußwaffengebrauch der Polizei erscheint mir als gesetzeswidrige Wiedereinführung der Todesstrafe.

Tötung auf Verlangen

Ich bin der Ansicht, daß der Arzt, der auf Verlangen tötet, um unerträgliche Sterbensqualen zu beenden, dafür nicht auch noch bestraft werden darf. Die Position der Ärztekollektive, die Verlautbarungen herausgeben über die Würde des Menschenlebens, scheint mir ganz unhaltbar. Die Würde des lebenden Menschen ist wichtig. Der Tod sollte Sache des Sterbenden bleiben. Er ist es schließlich, der stirbt. Die Art und Weise, wie ein Patient in dem Augenblick, in dem er die „Anmeldung" überschreitet (erste Pflicht: Formulare ausfüllen!), in vielen deutschen Krankenhäusern entmündigt und als Kind, als Objekt, als Fall, als Krankengut behandelt wird, läßt gar nichts anderes erwarten als: daß er auch über seinen Tod nicht frei verfügen darf. Im übrigen erscheint mir die Gesetzesreform viele berechtigte Wünsche zu erfüllen: Wenn der (nicht strafbare) Tatbestand „Beihilfe zum Selbstmord" weit genug gefaßt wird, schließt er auch die „Tötung auf Verlangen" in den Fällen mit ein, in denen sie als ein Akt humanen oder christlichen Erbarmens verstanden werden darf.

Schwangerschaftsabbruch

Die rationalen Argumente halten sich, meiner Ansicht nach, das Gleichgewicht. Das einzige faire und gesellschaftspolitisch saubere Verfahren wäre es daher, die Männer überließen doch wenigstens die Entscheidung der betroffenen Gruppe: den Frauen. Statt dessen wird die letztlich allein maßgebliche, nämlich: im Gesetz sich niederschlagende, Diskussion überwiegend von Männern geführt.

Pornographie

Ich finde die Pornographie als Symbol einer sexuellen Scheinfreiheit langweilig bis widerwärtig. Es wird da auch in der Tat etwas verletzt, was man nicht gleich „die Würde des Menschen" zu nennen braucht. „Schamgefühl" genügt – ich glaube, daß es keine Kultur ohne Schamgefühl gibt. Dennoch könnte ich mich nicht dazu entschließen, ein Verbot der Pornographie zu befürworten – weil das die Institution einer Zensur etablieren hülfe und weil gerade diese Institution so leicht mißbraucht werden kann. Pornographie könnte vom Gesetzgeber gesehen werden wie Exhibitionismus: nicht zuzulassen dort, wo sie auf Schockwirkungen aus ist, die ein Opfer suchen. Übrigens wird Pornographie erfahrungsgemäß gerade dort, wo sie verboten ist, besonders interessant. Denn „was verboten ist, das macht uns grade scharf".

SPRACHE UND LITERATUR

Fremdwörter

Als Schlußfolgerung ergibt sich deutlich genug, daß wir ohne Fremdwörter weder auskommen wollen noch auskommen können. Aber Gerd Köster verwahrt sich gegen den „uferlosen" und „unbegründeten" Gebrauch von Fremdwörtern. Und ich gäbe ihm völlig recht: wenn ich nur immer wüßte, wo die Ufer sind und wie gut die Gründe! Dafür lassen sich Regeln wohl nicht aufstellen. Allgemein gilt jedoch sicher: Es ist unhöflich und dumm, sich so auszudrücken, daß diejenigen, an die man sich wendet, einen nicht verstehen können.

Bestseller

Mir ist gar nicht wohl bei dem Bestseller-Rummel. Der Besuch einer Buchmesse macht mich immer tief traurig. Aber da ich meinem Verlag jede Menge Bestseller gönne, damit er am Leben bleibt, und da ich selber auch ganz gerne mal wieder einen schreiben würde, muß ich für Bestseller sein.

Klassiker

Wenn diese „Argumente für und gegen Klassiker" ebenso wie der, der sie geschrieben hat, ebenso freilich wie der, der sie jetzt liest, längst vergessen sind, dann werden die Klassiker noch immer gesehen und gehört, gelesen und gespielt, bekämpft und bewundert werden. Wer sich aus dieser kulturellen Tradition ausschließt, schadet nicht den Klassikern, sondern nur sich selber.

Literaturkritik

Ich halte einige der Argumente, pro wie contra, die ich immer wieder gehört habe, für unnötig boshaft. Ich halte auch die Literaturkritik oft für unnötig boshaft. In ihren Anfängen wurde Literaturkritik getragen vom Enthusiasmus für den Gegenstand der Betrachtung. Wenn Lessing gegen den Hauptpastor[8] oder wenn Heine gegen Platen[9] polemisieren wollte, dann nannten sie das nicht Literaturkritik. Heute enthält schon das Wort „Kritik", das doch eigentlich Sichtung, Unterscheidung bedeutet, einen polemischen Unterton.

Ich bin überzeugt, daß es Literaturkritik geben wird und geben muß, solange es Literatur gibt. Ich glaube aber auch, daß die derzeit noch vorherrschende Form der Literaturkritik, bei der Rezensenten mit Büchern und/oder ihren Autoren abrechnen (wobei sich durchaus auch eine positive Bilanz ergeben mag), sich überholt hat. An ihre Stelle werden auf der einen Seite wissenschaftlichere Betrachtungsformen (Analysen, Überblicke, Vergleiche), auf der anderen „Leserhilfen" treten.

Theatersubventionen

Eigentlich halte ich die Contra-Argumente für die wirklichkeitsnäheren. Da mir jedoch die Welt ohne Sänger, Schauspieler, Tänzer, Musiker – und Kritiker noch trister als ohnehin schon erschiene, könnte ich mich nicht dazu entschließen, diesen Leuten ihre Berufsbasis zu entziehen, um dadurch ein Promille des Bruttosozialprodukts zu gewinnen.

Diese Argumente

Wenn ich den Pro-Argumenten den Vorzug gebe, wird das niemanden überraschen. Aber ganz unbefriedigt sollen auch diejenigen nicht bleiben, die stark auf Contra eingestellt sind: Wir sind am Ende. Sollten diejenigen, die sich mit diesen „Argumenten" nicht recht anfreunden konnten, jetzt ein Gefühl der Erleichterung verspüren, so wäre dieses das erste Gefühl, das sie mit dem Autor teilen.

Aufsatz-Themen

REISE UND VERKEHR

a Das Leben erhielt durch die Geschwindigkeit der modernen Verkehrsmittel eine neue Dimension.

b Der Einfluß der modernen Verkehrsmittel auf Politik, Wirtschaft und Gesellschaft.

c Der Beitrag der Verkehrsmittel zur Völkerverständigung.

d Schäden und Gefahren für die Umwelt, die von modernen Verkehrsmitteln verursacht werden: wie kann diesen entgegengesteuert werden?

e Läßt sich der unbeschränkte Gebrauch des Privatautos, insbesondere in Städten, heute noch verantworten?

f Was wird geschehen, wenn durch Erschöpfung der Erdölquellen und die Schwierigkeit, diese zu ersetzen, Reise und Verkehr zum Stillstand kommen?

SCHULE UND UNIVERSITÄT

a Vorteile und Nachteile der mündlichen und der schriftlichen Prüfungen: welche halten Sie für besser?

b Sind Prüfungen überhaupt notwendig?

c Deutsche und englische Schulen und Universitäten: ein Vergleich.

d Vorschläge zur Reform des Erziehungswesens: Bereiten Schulen und Universitäten auf das Leben vor?

e Lassen sich Unterschiede in Begabung, Vermögen und Klasse durch Erziehung ausgleichen?

f Freie Berufswahl und staatliche und wirtschaftliche Bedürfnisse: wem gebührt der Vorrang?

SPIEL UND SPASS

a Die Funktion des Sports in der modernen Welt.

b Der Einfluß von Spiel und Spaß auf die körperliche und seelische Gesundheit.

c Berufssport.

d Es ist gesagt worden, daß Fußballzuschauen eine primitive Regression in die Mentalität des Kleinkindes darstellt, die in jeder anderen Zivilisationssphäre, mit Ausnahme der Politik,

97

unmöglich wäre. Wie denken Sie darüber?

e Sind die Olympischen Spiele wirklich „olympisch"? Was ist von der griechischen Idee übriggeblieben?

f Ursache und Notwendigkeit des Rauchens, Trinkens und anderer Drogen in unserem Leben.

DER EINZELNE UND DIE GESELLSCHAFT

a Der Mensch zwischen Natur und Zivilisation: warum zieht es ihn in die Großstadt, warum flieht er aufs Land?

b Sind Ehe und Familie immer noch die Grundlage unserer Gesellschaft? Werden sie es bleiben?

c Kann es eine klassenlose Gesellschaft geben? Vor- und Nachteile völliger Gleichheit.

d Die Bedeutung religiöser und weltlicher Festtage in unserem Leben.

e Viele Menschen lieben Tiere mehr als ihre Mitmenschen. Geht das zu weit?

f Wer ist wichtiger, der einzelne oder die Gesellschaft?

POLITIK UND GESETZ

a „Die Demokratie ist die schlechteste Regierungsform mit Ausnahme aller anderen" (Churchill).

b Ist es für den Frieden in der Welt besser, wenn sich die Rassen und Völker vermischen oder wenn sie separat leben?

c Nie wieder Krieg: wird das je möglich sein?

d Das Problem der Strafe und der Abschreckung.

e Darf jeder Mensch für sein eigenes Leben verantwortlich sein?

f Hat die sexuelle Freiheit in unserer Gesellschaft Glück und Freude am Leben erhöht?

SPRACHE UND LITERATUR

a Die Zukunft der Sprachen: wird es je eine einzige Weltsprache geben?

b Ist das Studium der Klassiker eine Voraussetzung für das Verständnis der Literatur der Gegenwart?

c Die Funktion des Kritikers: nützlich oder schädlich?

d Literatur als Ware: die Manipulation der Bestseller.

e Der Steuerzahler als unwilliger Mäzen der Künste.

f   Argumente pro und contra: „Wenn die zivilisierte Menschheit noch eine Weile überleben will, dann muß sie sich einigen auf das Prinzip dieser Form, um ihre Meinungsverschiedenheiten auszutragen" (R. W. Leonhardt).

Notes

REISE UND VERKEHR

[1] **sechs Richtige im Lotto:** six correct numbers chosen from a sequence of usually 49 in the lottery (Zahlenlotto).

[2] **TEE- oder IC-Strecken:** Trans-Europa-Express or Inter-City lines.

[3] **herumgammelt:** hang about.

SCHULE UND UNIVERSITÄT

[1] **Mengenlehre büffeln:** swot up new maths. G. F. L. Cantor (1845–1918), a German mathematician, published his *Beiträge zur Begründung der transfiniten Mengenlehre* in 1895–7. His theory of irrational numbers, arithmetic of the infinite, and theory of sets, forms the basis of modern mathematical analysis.

[2] **Rigorosum:** viva (voce). Literally, strict exam; the oral grilling of candidates for the doctorate, lasting several hours.

[3] **Abwehrmechanismen:** defence mechanisms.

[4] **stipendiumsberechtigte Hammel von selbstzahlenden Böcken getrennt:** sheep entitled to grants separated from goats having to pay for themselves.

SPIEL UND SPASS

[1] **Leibesertüchtigung:** training of the body.

[2] **Juvenal:** satiric poet (A.D. 58–140) who castigated the vices of the Romans.

[3] **teutsche:** old spelling of deutsch, signifying Germanic nationalism.

[4] **Muskelprotze:** musclemen.

[5] **Dritten Programme:** the German Third television channel offers a variety of educational and cultural programmes which are devised independently for four different regions.

[6] **LKW** = Lastkraftwagen: lorry.

[7] **Gefäßverengung:** narrowing of the arteries.

[8] **Kippen:** fag ends.

[9] **Küfer:** wine cellarman.

[10] **Schrumpfleber:** cirrhosis of the liver.

[11] **Krankenkassen:** health insurance schemes.

¹² **Aschermittwoch:** Ash Wednesday.

¹³ **Lebensbewältigungsdrogen:** drugs to cope with life's anxieties.

¹⁴ **Monadendasein:** monas (Greek) = indivisible unit; term developed by the German philosopher Leibniz. Here: isolation, solitude.

DER EINZELNE UND DIE GESELLSCHAFT

¹ **was dem einen recht ist . . .** (ist dem anderen billig). Proverb meaning here: if men and women are to be equal, they must also share the same privileges, e.g. have both a second partner in marriage.

² **Deutsche Innigkeit und Innerlichkeit:** German tenderness and inwardness (derided here as introspective sentimentality).

³ **Geschenkeeinkaufsrummel:** rush to buy (Christmas) presents.

⁴ **Schneematsch:** slush.

⁵ **Köter:** pejorative term commonly used for dog.

⁶ **Zivilisationsmüll:** rubbish heap of civilisation.

⁷ **au courant** (Fr.): up to date (as opposed to living behind the times in the provinces).

⁸ **Manchester-Liberalismus:** Free Trade Liberalism. The Manchester Chamber of Commerce successfully fought against duty on grain imports in 1838–46, supported by Cobden and Bright and the Anti-Corn-Law League. Meaning here: the egotism of the individual is regarded as the driving force of the economy and of society.

⁹ **DDR:** Deutsche Demokratische Republik (East Germany).

¹⁰ **BRD:** Bundesrepublik Deutschland (West Germany).

¹¹ **CDU:** Christlich-demokratische Union (Christian Democrats).

¹² **DKP:** Deutsche Kommunistische Partei.

¹³ **bourgeois oisifs** (Fr.): idle bourgeois.

POLITIK UND GESETZ

¹ **Tuchfühlung:** close touch.

² **Inzucht:** in-breeding.

³ **Benedetto Croce:** Italian philosopher, historian, and politician (1866–1952) who published a manifesto against fascism in 1925 and, as leader of the Liberals, became Minister of Education in 1944.

[4] **Hippokrates:** Greek physician (around 460–377 B.C.) who established medical ethos, based on observation, experience, and scientific thought and criticism. The 1948 Geneva Oath, based on the hippocratic oath, is taken by all medical graduates who thereby promise to preserve life from the moment of conception, to do their best for their patients and to maintain professional secrecy.

[5] **Schwangerschaftsabbruch:** abortion.

[6] **Nidation** (med.): implantation.

[7] **Kurpfuscher:** quack.

[8] **Engelmacherinnen:** illegal abortionists.

[9] **Huren:** harlots.

[10] **EDV-Maschinen** = Elektronische Datenverarbeitung: computers.

SPRACHE UND LITERATUR

[1] **Angabe:** showing off.

[2] **Nierentisch:** kidney-shaped table, style of the 1950s.

[3] **Karl May:** author of Red Indian adventure stories (1842–1912) whose tremendous popularity has not diminished.

[4] **Makulatur:** printers' waste paper.

[5] **vom Zauberberg bis zur Blechtrommel:** Thomas Mann published *Der Zauberberg* in 1924 and Günter Grass *Die Blechtrommel* in 1959.

[6] **gesellschaftliche Bezug:** social connection.

[7] **Weimar:** town in Thuringia where Goethe lived at the ducal court and collaborated with Schiller at the theatre.

[8] **Klappentexten:** blurb on book jackets.

[9] **PEN-Kongreß:** meeting of world-wide writers' club.

[10] **Bildende Kunst:** the plastic arts (as opposed to music and literature), including architecture, sculpture, painting, and graphic and applied art.

[11] **Bruttosozialprodukt:** GNP (gross national product).

CONCLUSIONES

[1] **Sylt:** North Sea island; a fashionable holiday resort, famous for its sand dunes and beaches.

[2] **Unbill:** inclemency (of the weather).

[3] **Welterzählstoff:** popular subject of conversation all over the world.

⁴ **Werther und Lotte:** Goethe wrote *Die Leiden des jungen Werthers* (1774) under the impact of his infatuation with Lotte Buff, engaged and later married to his friend Kestner.

⁵ **daß er trüge:** to be convincing (from: tragen).

⁶ **Wellensittich:** budgerigar.

⁷ **Kräftefeld:** constellation of forces.

⁸ **Lessing gegen den Hauptpastor:** Lessing, attacked for his unorthodox, rationalistic religious views by J. M. Goeze, chief pastor of Hamburg, silenced his opponent through publication of his *Anti-Goeze* and other pamphlets in 1778. This theological controversy was brought to an end by a government ban on Lessing.

⁹ **Heine gegen Platen:** August von Platen-Hallermünde (1796–1835), the classicist poet, ridiculed Heine among other writers in his *Der romantische Ödipus* (1828) with anti-semitic invective and Heine retaliated in his *Bäder von Lucca* by exposing Platen's homosexuality.